为什么送孩子去美国读书

路军/著

全国百佳图书出版单位

时代出版传媒股份有限公司
安徽人民出版社

图书在版编目（CIP）数据

为什么送孩子去美国读书 / 路军著 . —合肥：安徽人民出版社，2012.5
ISBN 978-7-212-05212-6

Ⅰ . ①为…　Ⅱ . ①路…　Ⅲ . ①留学生教育－概况－美国 ②高等学校－介绍－美国　Ⅳ . ① G649.712.8

中国版本图书馆 CIP 数据核字（2012）第 102869 号

书名：为什么送孩子去美国读书　　　　　　作者：路军

出 版 人：胡正义　　　　选题策划：王　水　　责任编辑：杨迎会　王　水
责任校对：孟繁强 徐　虹　　责任印制：刘　银　　营销推广：杨　霄
图片提供：杜雅宁　　　　装帧设计：红杉林

出　　　版：时代出版传媒股份有限公司　http://www.press-mart.com
　　　　　　安徽人民出版社　http://www.ahpeople.com
　　　　　　（合肥市政务文化新区翡翠路 1118 号出版传媒广场 8 楼
　　　　　　邮编：230071）
发　　　行：北京时代华文书局有限公司
　　　　　　（北京市东城区安定门外大街 136 号皇城国际大厦 A 座 8 楼
　　　　　　邮编：100011）
　　　　　　电话：010-64267120；010-64266769 转 8067（传真）
印　　　刷：北京亚通印刷有限责任公司　　　电话：(010) 52891770
　　　　　　（如发现印装质量问题，影响阅读，请与印刷厂联系调换）

开　　本：787×1092　1/16　　印　张：14.75　　　　字　数：180 千字
版　　次：2012 年 6 月第 1 版　　2012 年 6 月第 1 次印刷

ISBN 978-7-212-05212-6　　　　　　　　　　　定　价：28.00 元

谨以此书送给我的女儿路楷麒，本书的写作和编辑过程，恰逢她从出生到满周岁的过程，愿她和天下的孩子们都能快乐成长、成才。

　　　　　　　　　　　　　　　　　　　　——路军博士

自　序

　　招商银行和贝恩顾问联合发布的《2011中国私人财富报告》显示，资产千万人民币以上的中国富人移民意愿强烈。报告受访者中近60%正考虑投资移民，而27%的亿万富翁已完成投资移民。去年《羊城晚报》一篇题为"拼爹拼妈不如拼出国"的文章引起了不小的轰动，文中讲：在各种各样的移民理由中，子女教育已然成为八成"中产"家庭的首选。

　　美国教育到底有什么魅力"引无数爸妈竞折腰"呢？

　　可怜天下父母心，中国人是最重视子女教育的民族，自古就有"万般皆下品，唯有读书高"的传统。本书的主旨就在于通过通俗易懂的绘声绘色的故事展现一个真实的美国教育全景图，给中国的家长们打开了解美国教育的一扇窗，以飨读者。

　　开门见山，先看看美国各大学诺贝尔奖得主人数：哥伦比亚大学培育出了39位，哈佛大学培育48位，芝加哥大学30位，加州大学伯克利分校25位，麻省理工学院28位，加州理工学院17位，耶鲁大学17位，普林斯顿大学14位，康乃尔大学15位，约翰霍普金斯大学15位，纽约市立大学12位，威斯康星大学11位，利诺大学香槟分校11位……太多了！而且有理由相信这些数字随着时间推移还会持续增加。美国高等教育的水准无需多言了，去美国读大学，是中国新一代莘莘学子极为难得、弥足珍贵的成才途径。

回过头来再看看美国的中小学教育。去过美国的朋友都会发现，公路上最引人注目的是那些桔黄色的校车（school bus）。美国的"交通规则"赋予了这些校车至高无上的权利，当它在公路上停下来让学生上下车时，尾部会亮起"stop"红灯，不论是同向还是逆向，所有车辆必须同时停下。美国的中小学生备受呵护，学生上课迟到时间在 30 分钟内是不被追究的，而超过 30 分钟，就会被视为逃课。逃课三次以上，学区的学监跟家长谈话，若还不改正，就会由法庭出面罚款。美国义务教育的强制性、《义务教育法》的落实程度由此可见一斑。

受到法律约束的当然还有学校。例如，美国的小班化是受法律保护的。加州的法律就明确规定，中小学一个班最多不得超过25 人。超过时学校必须采取临时性措施，在人数超标的教室里增添人手，否则就是违法。

美国教育的民主化特点非常突出，在教育制度、教育管理、课程设置、教育方法等各方面体现得都很充分。美国的学制不仅以"单轨制"著称于世，而且以"多样化"闻名遐迩。例如，初中等教育合在一起共为 12 年，却同时存在六三三制、六六制、八四制、四四四制、五三四制，以适应不同地方儿童入学的需要与社会发展的需要。在高等教育方面，美国不仅开创了像约翰霍普金斯这样以科研为主的研究型大学，而且开创了像威斯康星这样强调面向社会实践的服务型大学，以及遍及各州的像社区学院这样以教学为主的普及型大学，分别满足社会的不同需求。

在教育投资与管理方面，公款兴学为主，多渠道投资以及地方自治为主，鼓励群众参与管理是美国教育民主化的又一特色。早在南北战争以后，公款所"兴"之学与地方所"治"之学已攘括整个现代教育领域，如公立小学、公立中学、州立大学、社区学院、中等职业教育、州立师范学院等等。在官方投资教育与管理教育的同时，美国也不排斥其他教育投资力量与管理热情。如卡内基、福特、洛克菲勒等，他们以雄厚的资金资助学校承担特定的教学和科研任务，组织各种教育和教学实验与改革，筹建各种新的专业。同时，各种民间教育团体则凭借研究成果，传播先进教育经验，提出政策改进建议，推动教育事业向前发展。

美国教育的课程设置与教学方法也是多元化的，美国学校一方面被视为"民族大融炉"，另一方面又被视为保存各民族传统文化价值观念的地方。学校从初三就开设一些选修课。而且"初中教学计划主要是诊断性的；这种计划给学生提供指导和机会，并通过测验来鉴定学生的才能。"高中则为具有不同才能的学生开设不同课程，有普通文化课程、学术性课程以及就业训练课程。每类课程都有必修课与选修课之分，选修课对所有的学生开放，而且范围非常广泛。选修课制度是美国中学区别于欧洲中学的一个重要特征。

当然，随着留学热潮汹涌澎湃，也出现了所谓"留学垃圾"，让很多家长对留学产生了疑虑和恐惧。究其原因，是很多小留学生家境优越，独立精神、自律能力都非常差，在国内有学校、老师和父母严格的管束，通常不会有太出格的行为。在国外无人管束，学校对学生的要求和国内又不一样，是提倡自动自发地学习，结果很多学生就像脱缰野马一发不可收拾……特别是出国留学语言关还没过，结果到了美国课堂完全听不懂老师讲课，自然对上课失去了兴趣，逃课、蜗居、打游戏成了家常便饭，甚至干脆变成黑户。国内很多家长想当然地认为，孩子到了国外，在英语环境中就能自然适应无师自通，事实绝非如此。没有过硬的语言基础，还会导致交往能力的萎缩，让孩子躲在中国留学生的小圈子里，语言难有大的长进。这种情况一定要引起家长们的高度重视，前车之鉴，不可不察！

最近，著名的新东方首席人生规划师、留学专家徐小平先生发表了一个题为"去美国上高中读本科将成留学最大浪潮"的演讲，很有启发性。他说："宋氏三姊妹都是小留学生，鲁迅、郭沫若、邓小平也都是小留学生……尤其是最近两三年，Internet的出现让很多人跟父母的沟通，要比出国前多得多。出国前嫌烦，一说一不高兴，就把门关上了，但是现在我的无数的朋友，包括亲戚的孩子，就挂在网上，（和家人）能够永远的相互交流，亲情、价值观、家庭的纽带，（对）社会的了解，（才能）彻底地解决问题。"所以，笔者认为，孩子"小"不是根本问题，关键是家长不能只为了攀比、面子，就盲目把孩子送出国，而一定要真正地了解自己的孩子，了解要送去国家的国情，全程负责，悉心指导。千万别认为送孩子出国留学就一劳永逸，好像孩子就能阳光雨露自然茁壮成长，而要打有准备之仗，知己知彼，未雨绸缪，为孩子适应留学生活打下坚实的语言和品质基础，才能收获一个光明的人生未来。

最后还是引用徐小平先生的一句话：留学美国"……你还能和洋人竞争，还能和中英文都精通的人较量，这就是我们未来面临的生存状态，我们未来人才的挑战，在这个时候早早地规划，早早地策划好，然后给自己一个明确的留学的方向和目标，可以说将决定五年、十年以后，你竞争取胜的状态，这是留学的意义。"

是为序。

路军

2012.05.01

目录
Contents

美国小学生自己动手布置的学校走廊

part 1

华美人生，自由起航！

反映校园场景的创意雕塑

13年的完全免费教育

就教育而言，美国可能是世界最有优势的国家，在美国的孩子可享有美国公立小学至高中13年的义务教育。按历年国家总体（联邦、州、市地三级）支出比例而言，教育经费仅次于国防，排第二。自1834年美国宾夕法尼亚州废除公立学校的学费制度开始，直到20世纪初美国各州先后均实行了义务教育免费制度。如今，美国实行13年义务教育：小学教育（幼儿园–6年级）、初中教育（7–8年级）、高中教育（9–12年级）。

这13年的教育中，学生不但不必交学费、杂费，而且不用买课本，所有的中小学都免费为学生提供课本，但这些课本是循环使用的，上届学生传给下届学生，直到不能用为止。学校还免费提供练习本、纸张、参考书、参考材料、文具，以及上课时需要的工具，比如学生上课的时候要使用的电脑、手工劳作的用具、烹饪课程的原料等。除此之外，假如学校认为学生在旅行中可以学到某些知识，还会带学生外出旅游，旅游的交通费用、门票、午餐等全部免费。对于有困难的学生（学生自己申报，政府不调查），政府供应免费的早餐和午餐，并由营养师调配。早餐可能是一杯半水果块、一个夹肉松饼、一条小香肠或者一碗营养麦片粥；午餐可能是一小盒牛奶、水果块，主菜是烤鸡胸脯肉淋黑蘑菇肉汁、海鲜饭半份或者土豆泥半份；甜品是一小块巧克力蛋糕。为保证学生充足的营养，每天的菜单都不同，三个月才会重复一个主菜。如果学生家离学校2英里以上，还有免费的校车接送。

美国公立中小学的经费，主要来自政府的拨款，联邦政府约拨款7%用于学校基本建设和校车等的购置，州府负责49%，其余的经费来自地方政府，主要用于学校员工的薪资和日常管理费用。公立学校的经费由地方政府负责的部分主要来自当地税收。社区房主交的地产税，税额根据房价按一定的百分比收取，房价高的税额也高。税款大部分就用于公立学校、图书馆、博物馆等公共设施。除政府拨款之外，还常有一些人向学校捐款捐物，有的数额巨大。比如一所学校的建校用地是由当地的一个家族捐赠的，学校则以该家族的姓氏命名。

人口少、房价高的社区，学校教学质量自然相对高一些。所以要想上好学校，就要在好的学区里购房，因而这也是有贫富差异的，但是政府绝对保证人人都能享受基本的义务教育。

住在哪个学校的覆盖范围内，就上哪一所学校，所以不管是自己的房子，还是租房，学校要看的不是房产证，而是电话账单或水电账单，以此证明你确实住在这个地址，并且履行了纳税人的义务。只要在这里住且有纳税，孩子就可以在这儿上学，留学生、短期工作者，甚至非法移民的学龄孩子，也一概接收。但是如果学生不属于该校接收范围，交钱也不能进去。

所有车辆给校车让路

美国校车已经有 100 余年的历史，早在 19 世纪末，美国乡村就出现了专门接送孩子上下学的马车。在美国有个不成文的规定：所有车辆要为校车让路。凡有校车经过，其他任何车辆一律让路或者减速，以表示对学校的尊重和对学生们的爱护。网上曾经流传一幅让人震惊的图片，美国的一辆校车和军用悍马车追尾了，悍马车的车头部分被撞得面目全非，而校车的车尾却完好无损，校车的安全系数可见一斑。当然，除了孩子，其他人是不能坐校车的，即使是教育部长也不能坐。曾经有个学校的校长坐了一次，结果在家长们的质问下，被迫辞职。

2010 年我在美国南部，和当地的朋友开车去另一个城市，为了能在天黑前赶到，我们必须抄近路。这条近路正经过一个社区学校。下午时分，学生们陆续走出校门，到停车点坐校车。朋友提前几十米就停住车了。看着一群孩子嘻嘻哈哈地走出校门，我忍不住对朋友说，我们可以减速超车，从校车的左侧超过去。

朋友一脸严肃地说，所有车辆都要给校车让路，是不成文的刚性法律，即使是总统的座驾也不例外。在这种社区学校，道路窄，一般只有两条车道，如果学生们上下车时别的车辆从旁边超车，很容易发生事故。所以，在校车站点附近，如果有校车停下来等学生上下车，所有过往车辆必须停车等待，一直等到学生上下完毕，校车启动，过往车辆才能开动。美国的校车路权非常高，甚至高于消防车和救护车，一般的车都不能随便超越。如果超越停着正在上下学生的校车，校车司机有权对超越的车开出重罚单。

相对之下，中国的校车却屡出事故，亟待引起校方和官方的重视。2011年11月16日甘肃发生了震惊全国的"11·16"特大交通事故，"小博士"幼儿园校车与一辆翻斗运煤货车相撞，据11月29日国务院安委会办公室通报，21人死亡，43人不同程度受伤，除了一名幼儿园老师和校车司机之外，其余死者和伤者均为幼儿。造成事故的原因是超速、逆行和严重的超载，一辆限载9人的面包车，经过改装后，装了64个人！除了驾驶员和教师的座位之外，其余的座位均被长椅取代，而在上下学高峰期，所有孩子只有站的空间，根本没法坐下。

据人民网统计，2011年一年，新闻报道过的全国发生的校车事故就有6起之多：2011年9月26日，山西省的一辆微型面包车（校车）与大货车相撞，造成7名初中生死亡，2人重伤，3人轻伤；2011年9月13日，荆州市两名未满四岁的幼儿被遗忘在31度高温的校车内死亡，8小时后才被发现；2011年8月29日，海南省一名3岁幼儿同样被遗忘在校车内9小时死亡；2011年7月20日，大连市一辆接送孩子的"黑校车"与奔驰车相撞，17名孩子均受伤；2011年4月，新疆一辆搭载6名学生、1名教师、1名学龄前女孩的校车滑出公路，多次翻滚后，2人死亡，6人受伤；2011年3月，北京市门头沟一辆限载 49 人的校车，载了 81 名幼儿园师生，校车以 98 公里 / 小时的速度撞上公路围栏，造成一名男童死亡，而司机竟有 10 年吸毒史……

　　如此多的血淋淋的事实，无法不让人痛心疾首，连幼儿的安全都保证不了，又怎样奢谈给儿童美好的生活环境？加强校车安全，已经成了当下迫在眉睫的一件事，2011 年 12 月 11 日，我国出台了《校车安全条例征求意见稿》。草案规定，校车驾驶人应有相应准驾车型 3 年以上资格，年龄不超过 60 周岁，最近连续 3 个记分周期内没有满分记录，无致人死亡或者重伤的交通责任事故，无饮酒及醉酒后驾驶、超速等严重交通违法行为，无犯罪记录，未因违反治安管理受过拘留处罚，身体健康，无酗酒、吸毒行为记录，无传染性疾病，无癫痫、精神病等可能危及行车安全的病史。此外，还对校车赋予了三项优先权：校车运载学生时，交通警察应当指挥疏导校车优先通行；校车可以在公交专用车道以及其他禁止社会车辆通行但允许公交车辆通行的路段行驶；校车在道路旁停车接送学生时，后方车辆应当停车等待、禁止超越等。

请进，这是我们的教室，不是商店哦！

　　美国的幼儿园教室，就像一个小商店，陈列着琳琅满目的货物，分成玩具角、家庭角、艺术角、科学角、图书角、绘画剪纸角、字谜画谜角、计算机和烹调角等。看似凌乱，却井然有序，架子上有标签、干净、整齐，也很容易选择和取放。教具是摆在矮架子上的，儿童可以轻易地拿到。各个区域用不同的家具分隔开来，热闹的地方和安静的地方也被分隔开来，便于儿童清楚地选择活动区，教师也可纵观全局，心中有数。

美国的幼儿教育观，使得幼儿园很重视教室布置，将教室的布置视为一种策略，教室的布置不仅能为儿童提供良好的学习环境，而且能为儿童的身心发展提供有利条件。

不同的材料，可以帮助孩子们发展不同的技能，提供不同的经验。玩具角摆放着各式各样的积木，小朋友们把积木放在卡车里，又把它们倒掉，试着将一个大积木放在另一个的上面，和小伙伴讨论在哪儿放下一个大积木等等，这样，他们会了解大小、重量和数的概念，学会控制和协调身体，表达思想并学会和其他同伴合作。在家庭角，小朋友练习眼手协调并学会穿衣服等生活技巧，了解不同的家庭角色在社会中的活动，学会自理生活。艺术角有音乐美术类的各种玩教具，让幼儿学习使用象征性的符号画一个人；把纸、剪刀和胶水放在一起，让幼儿去完成一个任务，培养孩子们独立策划和实施的能力。

幼儿园基本没有学习任务，但是幼儿每天有半个小时的读书时间。每个幼儿园，都会有个图书角，是供孩子阅读的一个专门区域。幼儿园会配备与孩子身高相适应的书架，配置柔软舒适而可爱的沙发和靠垫，吸引孩子们过来阅读。有的幼儿园还配置了小型的桌椅和笔，鼓励孩子们由阅读活动发展到书写小故事等活动。孩子们可以自主选择和阅览图书，在选择和借阅的过程中，培养他们的责任感。孩子们一起在图书角学习，还有利于他们学会分享和表达。孩子从头到尾地翻书，学习从左到右读书的习惯，学习聆听故事，发展了他们的阅读兴趣。有时，老师会带着孩子谈论在书中发生的事情，让孩子记住细节并表达思想。教师还会根据图书受欢迎的程度和图书角的活动主题变化，定期更换图书，而更换的图书，可能是教师从公共图书馆借来的，也可能是从自己家的图书中拣选出来的。孩子们也可以将书带回家，但不可以在书上乱写乱画，幼儿园专门给每本书都附了一册小本子，孩子们可以在上面写感受、画画等，也可以看小本子上面其他小朋友写的东西。

正因为孩子从幼儿园阶段就过着这种类似"大人"的丰富多彩的生活，所以他们在成长的过程中，很少因为变换环境、接受新事物而手忙脚乱。美国的创新精神、冒险精神都是从小就开始培养的，因之世界各地总有人向往"美国梦"而涌入这个国家。

幼儿园里的安保措施

近年来，幼儿园惨案不断发生，令人触目惊心。2010 年 4 月 29 日，江苏泰兴发生了惨痛的"4·29"幼儿园恶性凶杀案件，犯罪嫌疑人砍伤 32 人，其中包括 29 名幼儿、2 名教师和 1 名保安。2010 年 5 月 12 日，陕西省南郑县圣水镇林场村的一所幼儿园发生杀人案，9人死亡，20多人受伤。幼儿是这个社会的弱势群体，幼儿园应该是一个很安全的地方。我们如何为幼儿提供一个更安全的生长空间呢？美国的一些做法值得借鉴。

美国许多幼儿的父母在为孩子选择幼儿园的时候，首先看重的是幼儿园的安全，其次才是幼儿园是不是能让孩子学习进步。美国一位叫魔女的网友，看到中国幼儿被残害的事件，感到很痛心，于是通过网络，用她的亲身经历告诉我们美国的幼儿园是怎么做的，也许可以为我们国内幼儿园的安全工作提供一个好的借鉴。

与我们国内幼儿园，在街上就能看到孩子们的嬉闹相比，从美国的幼儿园大门往里望，几乎是看不到一个孩子的，孩子们都在后院。幼儿园一般会在小区的中间位置，远离马路和公交站，教室的门都是背对着学校的正门开的。

美国的幼儿园一般是封闭式的，只有上学和放学的时候开放，而且也不像国内一样有一个传达室。事实证明，如果有突发事件发生，单靠一个传达室是起不到足够保护作用的。幼儿园的正门装有电子锁，家长进入幼儿园，需要输入密码才能进入，而密码只有家长才知道。当然了，在上下学学生较多的高峰期，也可能会暂时把密码验证关掉，方便孩子们出入。如果有义工出入，也必须要在正门登记，从正门出入，还要佩戴临时出入证，以备检查。假如忘记佩戴的话，五分钟之内就会有人来盘查询问。除了正门之外，幼儿园也会有其他的偏门，但是这些偏门都会在早上七点五十分自动上锁，外人无法进入。在上下学阶段，学校周边会有安保人员保证孩子过马路的安全，不远处还会有警车停在那里，以备不测。

一旦进入幼儿园，就进入了一个无监控死角的地方。小院子里、教室里、角落里，都会有小摄像头，监控的目的，不仅是防止不法分子危害儿童，同时也是防止孩子在玩耍的过程中出现意外。在一些隐蔽的角落里，可能还会放置反光镜，以便让老师很容易地发现孩子。而且，家长们可以从幼儿园的网络上，随时随地直观地看到自己孩子的状况，非常方便放心。除此之外，还有扬声器、烟雾报警器等安全设施。

如果幼儿园要组织孩子到户外玩耍，不仅老师要保障孩子的安全，家长也要负起责任。假如有 40 个孩子到公园玩，那么除了两个班的老师之外，还要有 2-4 名家长陪同看护。美国幼儿园规定，0-1 岁的儿童，一个老师最多只能看 6 个，1-3 岁的，一个老师最多只能看 8 个。这既是为了保证每个孩子都能得到老师足够的关注，也为了孩子的安全。

可见，美国的幼儿园对孩子的保护措施多么细致而不遗余力，既不会占用太多的人力物力，又能够达到良好的保护效果。

Sam 老师是博士

在一次朋友聚会上我认识了 Sam，这个身高 185 厘米，长得棱角分明、留着满脸胡茬的阳刚青年人，拥有俄亥俄大学的教育学博士学位，我起初以为他是大学教师，或者高中的教师，怎么都没法把他和他的职业联系到一起——洛杉矶一家幼儿园的老师。当朋友们看到我当时惊讶的表情，竟然有些不解。后来我才知道，原来在美国像 Sam 这样的博士毕业生去做幼教是一个很普通的现象。这和美国政府制定的对于幼教资格的严格标准不无关系。

在中国的幼儿园中，老师多是年轻漂亮的、扎着马尾辫、活泼好动的苗条女孩，在家长心目中老师都要有亲和力，要漂亮、能歌善舞、脾气温和。中国的幼教也就成了一个青春行业，真正有保教经验的四十岁左右的"老"教师都得退居幕后，个别成了园里的管理者，但更多的都成了每天忙忙碌碌的保育员。而美国的幼儿教师，可以一开始不会唱歌跳舞、画画做游戏，也可以长得不漂亮，但是在美国，要成为幼儿园教师必须具备两个条件：

1. 至少要拿到幼教专业大学本科学位。早在上世纪 90 年代初，美国全部 50 个州都已提出了这个要求，甚至有的州还规定只有拥有硕士或以上学位的人才可以申请从事幼儿教育工作。有一份统计数据显示，在十年前美国中小学、幼儿园教师中具有硕士、博士学位的比率就已经超过了六成。

2. 参加工作前，必须通过教师培训，获得幼教资格证。幼教资格证可以由美国教育委员会（the State Board of Education）或者是执照咨询委员会（licensure advisory committee）颁发，而这个资格证是参加相关专业不同科目（如体育、社会科学、音乐、艺术、教育学、心理学等）的教学培训以及实习后获得的一个临时性的从业资格证。要想获得正式的幼教执照，就得在参加工作后继续进修培训。

美国教师的办公室

全国幼儿教育协会（NAEYC）是美国的一个民间组织，它制定了早期儿童教育专业的规划和规则，对全美幼儿教育的开展具有普遍的规范作用。该组织曾颁布了早期儿童教育专业从业准备标准，其中最重要的是从业者在普通知识教育方面的准备标准，包括语言和读写（Language and Literacy），要求教师能够促使幼儿打好语言基础，能与小伙伴和长辈交谈、讨论，获得初步的阅读和写作经验，开发他们的认识；艺术领域（The Arts），包括音乐、舞蹈、戏剧、美术和创造性活动，能让幼儿与他人进行音乐互动，培养他们对音乐的节奏、音调、形式等的反应，帮助幼儿用音乐表达自己的感情，帮助他们建立起视觉艺术和其他艺术的关系；身体锻炼和体育（Physical activity and Physical education），幼教要能帮助幼儿展示自己的身体机能，获得运动体验，帮助孩子们提高运动能力、学会运用规则和如何在运动中保护自己；科学（Science），孩子们从小就具有强烈的好奇心，幼教能根据儿童的年龄特点，鼓励他们对自己周围的人、事、物进行仔细地观察和探索，开展简单的调查，与他人合作、探讨和分享，培养科学情感和理解科学核心概念；社会研究（Social studies）的准备标准，旨在促进儿童在历史、地理、经济、社会关系等方面的经验，比如，帮助他们辨认所处方位的自然特征、所处的空间位置、文化环境，体验不同性别、种族和思想等。

任何一个应聘的教师必须持有效资格证书才能给学生传授知识，否则要负法律责任。任何聘用没有幼教资格证书的教师的幼儿园，也要承担法律责任。

part 2

幼儿能够做什么？

与动物亲密接触的孩子

幼儿看上去很弱小，很容易让人误以为他们需要保护和溺爱，什么都做不了。但美国幼教工作者在长期观察和研究的基础上，提出：18-24 月之间的婴儿能够学会捡起玩具，自己用杯子喝水；2-3 岁的婴儿能够用叉和勺吃饭，学会控制大小便，能够比较熟练地穿脱衣服、开合拉链；3-4 岁的幼儿，独立性有所增强，几乎不用成人的帮助，自己就可以扣纽扣、系鞋带、洗脸、刷牙、吃饭等；5-6 岁的幼儿，能够整齐地保管自己的东西，能学会自己洗碗，独立性大大增强。自我服务技能的掌握，可以增强婴幼儿的成功感和独立性，使婴幼儿和家长双方受益。美国幼教工作者强调要家长密切配合，使婴幼儿的自我服务技能在家里得到强化。

让我们来看一看，一位中国的幼儿园老师在博客上讲的，她所知道的美国幼儿园教师以孩子的口吻写给家长的一封信，或许对我们的幼儿教师和家长有所启迪：

1. 别溺爱我。我知道我不应该得到自己想要的每一样东西，我只是在试探你。

2. 别害怕对我保持公正的态度，这反倒让我有安全感。

3. 别让我养成坏习惯。年幼的我得依靠你来分辨哪些是好的，哪些是坏的。

4. 别让我觉得我比实际的我还要渺小。

5. 请别在人前纠正我的错误，私下的提醒会让我更加注意自己的行为。

6. 别让我觉得犯错误是一种罪过，它会降低我的人生价值观。

7. 别过度保护我，有的时候，我需要以经受痛苦的方式来学到东西。

8. 别太在意我的小病痛。有时候这只是我想得到你的注意的小诡计。

9. 别唠叨不休，否则我会装聋作哑。

10. 别随便许诺。我会当真的，当你不能信守诺言时，我会很难过。

11. 别太指望我很诚实，因为我会因为害怕而撒谎。

12. 请别在管教原则上前后不一。因为这样会使我疑惑，进而对你失去信任。

13. 当我问问题的时候，请别敷衍我或拒绝我。当你也不知道如何回答的时候，试着和我一起寻找答案。

14. 别嘲笑我的恐惧，请你试着去了解。

15. 别暗示或让我感觉到你是完美的，否则当我发现你并非如此的时候，对我来说，这将是多么大的打击。

16.如果你做错了事情请向我道歉。一个真诚的道歉，会让我感觉跟你更亲近、更温暖。

幼儿园在中国的教育体系中，所处地位比起教育机构，更像是"托儿所"。只要孩子健康地成长，直到他们可以进入小学就可以了。但在美国，幼儿园是小孩子们学会独立，学会集体活动，学会交流，认识自我的重要场所。这就是为什么幼儿园老师除了具有本专业的学位证书、教学资格证书之外，很多人还有心理学的学位或者相关证书。因为比起能够表达自我感受的成年人，小孩子朦朦胧胧的感受需要得到更多重视和理解，才能让孩子们更加健康地成长。

"野生放养" 而非 "温室圈养"

中国的孩子像是在温室里圈养的，从出生开始就理所当然地成为家庭的重中之重，沐浴着所有人的溺爱和纵容。中国的家长更是扮演着半生保姆的角色，战战兢兢，如履薄冰，真的是捧在手里怕掉了，含在嘴里怕化了。孩子摔倒了，在地上哇哇大哭，父母便赶紧跑上前把宝贝抱起来，边擦眼泪边哄，有时还说一些比较夸张的话，甚至做势要打绊倒孩子的物体。如果孩子在幼儿园尿湿裤子，老师会马上替他们换衣服，否则家长会指责老师工作不负责任。

"野生放养"锻炼孩子的独立品格

有一次我和一个美国老师聊天，她觉得奇怪，为什么中国小孩不会做很多自己应该做的事？我跟她解释，可能因为中国长期实行独生子女政策，父母都太紧张孩子的缘故。可是这位老师很奇怪地反问我：难道疼爱孩子可以成为阻止孩子自由成长的理由吗？

与我们的幼儿教育相比，美国的幼儿教育更重视幼儿独立性的培养。每个人成长的过程中总会遇到困难和挫折，父母不可能永远在孩子身边，所以美国的孩子是被"野生放养"的。美国人十分重视人的独立性和自力更生精神，非常注重从小培养孩子的独立品格，鼓励孩子学会自己的问题自己解决。孩子摔倒了，站在不远处的妈妈并不着急，会平静地看着孩子自己爬起来。幼儿在尿湿的情况下需要自己更换衣服，不得已的情况下才需要老师的帮助。

在美国，经常会有小孩子在公园里满地乱爬，或者很小的孩子在海滩边玩水，家长从来不紧张；有时吹很大的风，孩子穿个裤衩光着身子玩，家长还看得很开心。美国的幼儿园，小小班孩子的平均年龄大概是两岁半，但没有一个孩子大便需要老师擦屁股，平时幼儿上厕所是从来不需要帮忙的。只要有孩子申请入园，校长都会问家长，有没有对小孩进行 potty training（会不会自己上厕所），不能自理的小朋友是不能入园的。如果给孩子穿纸尿裤，校长就会很友好地告诉小朋友："你这么大了怎么还穿纸尿裤啊？这里都是大孩子哦，大孩子是不穿纸尿裤的。"孩子自己都会觉得不好意思，不想再穿纸尿裤。

有些家长可能会担心，这样的"放养"会不会造成安全问题。事实上，美国之所以可以让孩子们自由地玩乐，正是因为他们整个社会的安全体系有保障。美国有很多免费公园，就算是寸土寸金的大城市，比如纽约，也是如此。这些公园不仅有专门的环境维护，还有集中的儿童游乐区，让孩子们在设计科学的设施上玩乐，与其他孩子互动。这种专门为儿童设计的环境，不仅可以保证孩子们的安全，还让孩子们在"放养"过程中一点一滴地学会独立思考和行动。

近几年美国很流行的儿童成长十大宣言，成为"野生放养"儿童自我管理的江湖律令，孩子们对这些说法的认同和适用，让美国家长更加悠然自得地当着甩手掌柜，大胆放手，让孩子信马由缰。

成长十大宣言

宣言1. 安全的权利。人人有若干权利，如呼吸权、生命权、隐私权。这种权利任何人不能剥夺。安全重于一切，任何人无权剥夺儿童的安全权。

宣言2. 保护自己身体的权利。儿童有拒绝亲吻、触摸的权利，"背心裤衩覆盖的地方不许别人摸"。

宣言3. 生命第一的权利。生命第一，财产第二。身体安全比自行车更重要得多。

宣言4. 向父母讲真话的权利。家长要向孩子保证，无论发生什么事情，只要孩子向父母讲明真情，父母都不会怪罪，而且会尽力帮助孩子。小秘密要告诉妈妈。

宣言5. 拒绝毒品与危险品的权利。有权不听陌生人的话，不吃陌生人的糖果，不喝陌生人的饮料。有权对毒品、烟酒坚决说"不"。

宣言6. 不与陌生人打交道的权利。孩子有权不和陌生人说话。当陌生人与孩子说话时，孩子假装没听见，马上跑开。或者陌生人敲门不回答、不开门，大人绝对不会认为这是不礼貌的。

宣言7. 紧急避险的权利。为了保护自己，儿童有权打破所有规章与禁令。紧急情况下，他们有权踢人、咬人、大叫、大闹，甚至打破玻璃、破坏家具。

宣言8. 果断逃生的权利。遇到坏人、地震、大火，孩子应当果断逃生。自警、自救、自助，可以不要等大人的指挥。

宣言9. 面对侵害不遵守诺言的权利。即使曾发誓不告诉别人，但被坏人欺负一定要告诉家长,不保守坏人的秘密。

宣言10.对坏人可以不讲真话的权利。遇到坏人,可以不讲真话,机智应对,坏人可以骗。

不知这样的"宣言",对我们这些平凡的家长或教师有无启发?在教育孩子成长、成才的路上,我们要用开放的心态、用动态的发展观念,博采众家之长,给我们的孩子更合适、更有效,也更愉快的成长空间。

"总统先生,请与我们的孩子保持距离!"

2009年9月8日,在维吉尼亚州威克菲尔德高中校园里,美国新任总统奥巴马发表了名为"我们的教育,我们的未来"的演讲。在奥巴马演讲的同时,反对的家长们冒雨举着写有"Keep the distance with our children, Mr. President!(总统先生,请与我们的孩子保持距离!)"的标语牌,对奥巴马的演讲表示抗议。各个学区的总监都收到大量家长发来的电子邮件,公开反对奥巴马的开学演讲。一位家长这样说:"无论谁做美国总统,作为家长,我都不希望他来到学校对我的孩子进行一番政治演说。"另一位家长说,我们纳税人交钱是希望孩子在学校学到基本的知识,而不是来听政治人物发表他的政治主张的。

由于批评的声音过于强烈,白宫不得不把演讲稿提前公布在白宫网站上，供全国人民审核，但依旧有人反对：不想看到政府以任何形式对学生进行思想灌输和宣传。有的学区表示，是否收看奥巴马的演讲，由学生和家长决定。据统计，至少有六个州因为学生家长反对，学校最终拒绝播放奥巴马的电视演讲。

为何奥巴马的演讲引起了家长的如此反应？原因就是，在学生家长看来，教育界应该是一片独立、纯洁和干净的圣土，其他任何个人、组织都不能干扰和污染它，更不能去利用它。

在家长心中，拒绝任何非教育人士对教育产生影响，他们反对破坏孩子享受童年的超前教育。众多学生家长心中根深蒂固的观念是以儿童自由成长为中心。排斥非教育干预的传统，是一种谨慎与保护，并不是保守，这样做是为了保证安全，保证不对孩子造成难以预料的伤害。

对儿童进行教育和引导要建立在对儿童有了足够的了解之后。永远不能让教室成为实验室，教育需要的是谨慎和负责，是一项最需要全体工作者团结一致，自觉、理性地担负起合乎教育职业道义的一项社会工作。

也许正是基于上述的保护性教育的考量，美国的家长担忧教育可能变质。不管是谁，都不能擅自向全国学生发表有政治倾向的演讲，以此来引导学生的思想。奥巴马当时给学生的演讲虽然精彩，但在美国社会却是出力不讨好也就见怪不怪了。因为美国社会很多人认为，从根本上讲，非教育人士的讲话可能含有不适合孩子的内容，会对孩子造成不良影响，尤其是对还没有建立起理性思维能力的幼儿。在他们心中，未经权威教育部门的审核通过，就不能擅自进入学校去做涉及教学内容的事，否则这个人的行为就不合法。

教育是家长、教育工作者与孩子间的事，不容许与知识学习无关的人参与和干涉。奥巴马演讲在美国引起的这场轩然大波，说明多数美国人已经形成了这样一种基本统一的教育理念：教育只能由专业教育工作者按照教育规律来进行，"闲人"免进，哪怕是总统也不行。

但另一方面，幼儿园虽然不许带有政治色彩的演讲进入，却会请很多社会上形形色色的人进入校园，为孩子们讲一些他们的经历或者工作。比如动物园会将一些珍稀动物或者被救援的动物带到幼儿园，和孩子们接触，教授一些动物保护知识；身处几个州以外的农场工作人员会到大城市的幼儿园，带着新鲜的农作物讲解美国农民的生活；警察、退伍老兵、消防员等等在美国被称为"英雄"的人们也都会经过各种组织的联系，到幼儿园与孩子们互动，宣传知识与探讨人生观。在这种环境下，没有哪个孩子会轻易成为被宠坏的孩子，因为他们一直在接触社会中值得尊敬的人，他们日后也努力成为值得尊敬的人。

我是自尊自信的好宝宝

罗曼·罗兰曾说："先相信自己，然后别人才会相信你。"黑格尔也告诫后人："人应尊敬他自己，并应自视能配得上最高尚的东西。"自尊和自信对于人的一生，是至关重要的。在众多爸爸妈妈眼里，自尊和自信是良好心理素质的基础。如若孩子是一棵树，那么自尊和自信就是整个根系中扎得最深的主干。所以，美国父母是从培养幼儿自尊和自信心开始来培养其良好的心理素质的。我国的孩子总是给人谦虚、中规中矩的感觉，而美国小孩则总是一副阳光、自信、勇敢的样子。

美国的家长把对孩子的尊重既看做营养大餐，精心处理，又当做简单的饭前小甜点，随时随地、毫不吝啬地带给他们。美国的孩子，无论高矮美丑，一个个都趾高气扬，都觉得自己是世上独一无二的人，特别具有自信心。教育学家研究表明，一个人的成长过程中，最重要的就是要有自信，有自信才能在漫长的人生

幼儿自己开心地吃冰激凌

道路上克服重重阻碍和困难。

从孩子们出生开始，美国的许多父母就会有意识地告诉孩子：无论你是高矮胖瘦，是健康或者疾病，聪明还是笨拙，你都是我们最亲爱、最独特的孩子，我们都会永远爱你。这是告诉孩子们，父母爱你，不是因为你有多优秀，而是因为你是我们的孩子。我们不会因为你不是"天才儿童"，就不再爱你；不会因为你成绩不好，就对你失去信心。父母不会在自己的孩子身上实现自己没有完成的理想和愿望，他们尊重孩子是有独立精神和自由的个体，而不是给自己带来虚荣感和满足感的工具。

一个人的自信，首先来自于自尊，而孩子的自尊来自于外界对他的尊重。美国的幼儿教育者认为，孩子应该获得和成年人一样的平等和尊重。美国的学校一直强调的是尊重教育，他们通过简单的细节让孩子们感觉到平等。孩子可以直呼长辈姓名，大人们也会非常尊重地称呼孩子为先生或者小姐；大人们进入孩子的房间要敲门，得到允许后才能进入；大人们会蹲下来认真倾听孩子说话，避免孩子有不平等的感觉；移动和使用孩子的东西，要事先得到允许；随便翻看孩子的日记等侵犯隐私的行为更是不可以的。

教育家洛克曾说过："父母不宣扬子女的过错，则子女对自己的名誉就越看重，因而会更小心地维护别人对自己的好评。若父母当众宣布他们的过失，使他们无地自容，他们越觉得自己的名誉已受到打击，维护自己名誉的心思也就越淡薄。"美国教师和父母都明白这样一个道理：孩子不是完美的，我们的任务就是发现孩子身上的闪光点而不是阴影。一个孩子也许数学不太好，但他的阅读能

墙上标语倡导自信和团队精神

力很棒，会写优美的文章准确地表达自己的思想；也许他文化课学不好，但是特别具有体育方面的才能；也许他没有什么特长，但是人缘特别好……世界上没有一个模子刻出来的孩子，父母和老师要做的，就是要帮助孩子们找到自己擅长的事，确立他们的自信，而不是抓住他们的短处，打击他们的自信。然而很多时候，我们中国的一些家长和老师却忽视了寻找孩子身上闪光点的重要性。

一个人最强大的自信，是来自童年时代的。父母和老师首先应该持有这样的信念，不论孩子是不是成绩好、是不是得过奖，甚至是不是考得上名牌大学，只要他有良好的道德、完整的人格，自尊自信，必然能够在未来开拓出一片自己的天空，这是对孩子的自信，也是对自己和教育的自信。

自信并非来自单纯的"夸奖"，这也是对美国教育"过于快乐"的认识误区。美国学校虽然提倡自由、快乐，但也有着严格的纪律和奖惩措施。只不过，相对中国教育过分关注考试成绩这一单一价值观，美国学校提倡多元化的成长思路。保持优秀的成绩是优点，你可能成为一个未来的博士；性格开朗是优点，你会被所有人喜欢；热衷于体育运动是优点，你可能成为学校篮球队的主力。美国教师看重的是每个学生对自己人生的选择和对未来人生的追寻。幼儿园的老师们也一样，在小孩子们淘气地进行各种玩耍的同时，能看到每个学生的不同，这种不同使每个孩子都有不同的闪光点。有的孩子比起跑跳更喜欢饲养动物，有的孩子相对于呼朋唤友更喜欢一个人爬高，有的孩子喜欢亲近大人，有的孩子喜欢领导同龄人……在这些平常的玩闹中，已经可以看到孩子们微弱的不同，幼儿园的老师会细心地观察、引导，并和家长们交流，让家长在教育时更能够切合自己孩子的特色，让每一个孩子都有自信。同时，也为孩子走出各自与众不同的人生奠定基础。

"Time out" 来惩罚

"无规矩不成方圆"是中国传统教育理念。美国不允许体罚孩子，因为幼儿时期遭遇暴力会对孩子的身心成长造成不良影响。另一方面，美国学校也有一套独特的方法，教会学生遵守法律、纪律和社会准则。

《纽约时报》报道说，纽约市的一位华裔妇女因为 8 岁的儿子没有做作业，用扫把打了孩子。第二天，学校老师发现孩子身上的伤痕后，问明原因，向纽约市儿童服务管理局举报了这个情况。当天晚上，警察就把这位母亲的三个孩子一起带走，送交儿童收养机构了。这位母亲不得不花钱请律师帮她到法庭上索回孩子的抚养权。因为美国法律规定，如果老师看到学生有在家里被体罚的迹象，必须马上报警，没有报或者报迟了，就要被处罚。譬如中国的"狼爸"，在美国恐怕会锒铛入狱的。因为美国法律规定，对未满 18 岁孩子动手将以虐待儿童罪，被处以不高于 1500 美元的罚款和一年以下监禁；若父母殴打 18 岁以上的孩子，则可能以家庭暴力罪被起诉或面临重罪起诉，并判以三年的监禁。

美国专门有规定引导人们通过一些迹象去辨认受虐待或体罚的小孩。受虐待的迹象包括：身上有可疑伤痕、眼睛无神、脖子上挂钥匙（说明放学回家以后家里没家长，12 岁以下的孩子单独在家没有成人看管是不合法的）等。

既然不能体罚孩子，那么美国家长如何管教孩子呢？行为心理学家研究发现，传统的体罚只会使孩子惧怕父母，而不能让他分清对与错；孩子两岁（美国称为"可怕的两岁"）时，正是不懂规矩而又迫切需要学习规矩的时候，他们不懂家长的劝说，对世界充满好奇。而"Time out"（隔离反省）作为一种温和的取代棍棒等体罚的教育方法，能让孩子知道什么是不应该做的，越来越受到美国幼儿园的青睐。

"Time out"本来用于体育项目中，指的是暂停，而在教育中这个词组代表的意思就是让犯错的小孩独自待在某个地方。这个地方，或者是教室的某个角落，或者是家里单独的房间，在一定时间内不允许他／她参加众人活动，也不允许其与众人聊天。不论是在幼儿园还是在家里，"Time out"都对孩子具有威慑力，会让他们感觉到自己与他人之间的差别，感觉到自己处于孤立无援的境地，与他们平时受到的待遇形成极大的反差，从而在心理上给他们巨大的震动。所以从某种意义上来说，这是一种比体罚更让孩子有效地知错、改错的手段。

实施这一惩罚措施，首先要向年幼的孩子解释清楚这个惩罚遵循的规则，告诉孩子只有当他安静下来后，"Time out"才开始，而且他必须保持安静直到处罚结束。"Time out"既让犯了错误的小孩子受到惩罚和教育，又不会影响其他孩子。反省时间的长短，一般根据孩子的年龄和性格而定。比如，爱动的孩子几分钟都受不了；爱静的孩子，一个小时的"Time out"也不为过。一般隔离间固定下来之后，孩子每次犯错误都要到这里进行"Time out"。"Time out"的时间不要过长，因为这会对孩子的心灵成长不利。之后，父母不应该再旧事重提、批评孩子，而要对他的合作表示感谢。

专家建议：对年纪较小的孩童可以采取关切但不太理睬（Time out）的方式，而对年纪较大的孩童则以不准看电视或玩电脑作为惩罚方式。而且"Time out"之后，要领孩子散散步或者玩会儿玩具，做些让孩子感到放松的事，让他／她明白"Time out"过后，生活还是要继续。

"Time out"不仅对管理顽皮的孩子很有效，而且这个办法对孩子的未来成才也有好处。这是让孩子冷静的一个好方法，能让他们在发火的时候控制自己的情绪。美国人的冷静和风度，可能与他们"Time out"的经历大有关系。

幼儿也要爱科学

前几年，我去一个美国朋友的家里做客，跟随着朋友刚刚走进她家，就看见一个一头金发的小男孩飞奔过来："妈妈，看，这是我造的航天飞机，我要坐着它去找外星人玩！"朋友抱起她，亲吻着他说："很好，杰克，你真棒！"后来朋友告诉我，杰克很早就对科学感兴趣，他已经了解了许许多多就连大人都不知道的关于航天飞机和外星人的知识。小杰克有个大梦想：乘坐着自己制造的航天飞机遨游太空，去寻找外星伙伴。

后来，陪着小杰克玩了几次，我惊奇地发现，他对科学知识的了解很全面，不仅限于太空方面。我问朋友，杰克的那些知识是从哪儿学到的？朋友不无骄傲地告诉我，这全是杰克所在的幼儿园的功劳。杰克引起了我对美国幼儿园里科学教育的极大兴趣，通过调查和查阅资料，我发现，美国不仅十分重视孩子的科学教育，而且他们的科学教育真的很"科学"！

美国历来把培养高科技人才，作为国家在未来立于不败之地的重要策略，因而在幼儿时期，美国的科学教育已经开始了。他们十分重视培养孩子的探索能力，教师的科学课程会根据季节和天气的变化做出调整，以形象直观地适合幼儿的智力水平。教师会引导幼儿观察春夏秋冬气候变化和着装的关系、母兽和小兽的活动、植物怎样发芽成长等。在教幼儿认识植物的生长时，我国的教师大多会告诉孩子们，植物生长需要阳光、水分和肥料，然后让幼儿通过日常常识和经验自己去理解。而美国的教师则会让幼儿亲自参加比较严格和完整的实验过程，孩子们会得到同种、同样大小的两盆植物，并贴上标签。他们的任务是每天给其中一盆浇水，一盆不浇水，慢慢观察植物的生长状况并记录其结果与过程。一盆放在阳光下，一盆放在暗室里，一盆施肥，一盆不施等。孩子们在实验、游戏、讨论中深刻理解了植物生长所需的条件，正所谓"纸上得来终觉浅，绝知此事要躬行"。

美国的幼儿科学教育没有统一的教学大纲，教师可以根据当时当地的情况，自由选择自己的教学方法和教学工具，制定适合本班的教学计划。美国的幼儿科学课程包括自然科学、生物科学和综合科技三部分。自然科学又是幼儿科学教育的重点，涉及到了天文、气象、化学、物理等方面。美国幼儿科学课程的范围比我国广泛得多。他们按有助于"理性框架"形成的"关键概念"去充实课堂具体教授的课程内容。这些关键概念一般包括：空间，宇宙是非常巨大的；时间，地球是古老的星球；变化，事物在变化中成长；适应，要生存就要适应环境；多种性，宇宙的五彩缤纷；联系，生物是相互依存的；物质守恒，物质的形式是变化万千的，但其总量保持不变。具体的活动会围绕着关键概念去设计。仔细去琢磨就会发现，概括性高和容量大是"关键概念"的特点。而权威的教育心理学的实验表明，基本的、大容量的概念最具迁移性，最容易转化为孩子的理解力和能力。

　　一件事的发生，必然会有一个合理的原因。美国的科技创新能一直领先于世界各国，和他们从幼儿时就进行的科学教育不无关系。幼儿时代是教育的一个关键时期，幼儿园给了孩子们学习科学的充足条件和优良环境，让他们从小就热爱科学。我们可以尽情地去想象，一批批有了良好科学素养的小孩子长大成人，会给科学和社会带来什么样的效益！

玩得开心哦！

　　"Have fun！"（玩得开心哦！）这句话，是美国父母将孩子送上校车前说的最多的一句话。玩得开心，而不是中国式的"要听阿姨的话哦"、"记得要好好学习"、"玩的时候小心些"、"别摔倒了"等等警告，这再一次显示了两国文化在对待孩子教育问题上的区别。美国家长给孩子的这种态度，是让孩子尽情地去享受学习、享受生活。6岁之前的孩子最重要的事，是学习如何与其他人相处和享受玩耍的乐趣。美国著名教育家就提出了"生活即游戏，游戏即生活"，主张让幼儿在玩中学习，而幼儿园在让孩子玩得开心的同时，让孩子玩得更有意义，让孩子在玩中学习，培养孩子真正的兴趣。

美国的幼儿教育、小学教育和中学教育中涉及方方面面的课程，文化、科学、艺术等等极广泛。这种课程的设置，重点就在于让学生们找到自己的兴趣，然后自我钻研。要知道，无论是在哪个国家，学校的授课，如果没有学生自主的学习，能通过课室教授而被学生掌握的知识都是有限的。美国学校在基础教育阶段，与其说是要传授多少知识，不如说是创造广阔的学习空间，让学生学会自我提升的能力。

一位将分子冷冻到接近绝对零度的诺贝尔物理奖获得者在接受采访时说，他能做出这项研究是因为兴趣所致，"你知道那些分子运动是多么有趣、多么神奇吗？"兴趣可以让一个人投入最大的热情去做一件事。美国幼儿园很重视孩子兴趣的培养，注重让孩子们在快乐中完成学习任务，久而久之，孩子对于知识就会有着浓厚的兴趣，懂得自己钻研了。

美国是一个移民国家，多元的文化形成了众多的民族传统节日。美国的幼儿园很注重围绕各国的节日开展教育教学活动，既增强移民儿童的民族认同感，又让儿童拥有对各种文化的尊重和宽容的态度。幼儿园会围绕这些节日开展各种教育教学活动，孩子们也就通过这个窗口了解到世界的各种文化。

1. 学习宽容和尊重的烛光节

11 月 25 日之后的 8 天是犹太人的传统节日"烛光节"。它源自一个历史故事：2300 年前，当时的国王试图摧毁犹太教，但犹太人奋力抵抗，最终取得了胜利。胜利后，他们用很少的油在圣殿里点燃了烛台，而这一点点油却整整让烛台燃烧了八天，犹太教徒们将此视为奇迹。而这八天，就成为了犹太人每年庆祝的节日。这几天里，美国幼儿园的小朋友们会观看老师编排的节目，了解烛光节的来历。更开心的是，他们还能玩刻有希伯来文的陀螺，老师也会和孩子一起制作犹太人传统的食品，启迪孩子们尊重不同的民族和文化。

2. 分享快乐的幸运草节

源于爱尔兰的"幸运草节"，会在每年的 3 月 17 日举行。绿色是和平和希望的颜色，这一天孩子们都要穿绿颜色的衣服，不穿的话，其他小伙伴都会善意地提醒他。而孩子们的任务就是去找一棵长着四片叶子的幸运草。在寻找的过程中，培养孩子们专注的能力。四叶的幸运草代表幸福，要是谁找到了，就会很开心地告诉大家，同大家分享自己的快乐。

3. 学会感恩的感恩节

每年 11 月的第四个星期四是感恩节，是美国初期的移民为感激美洲印第安人而设立的，是很重要的美国本土节日。幼儿园会在这一天组织每位小朋友、老师对曾帮助过自己的人送感谢卡片或者直接说声"谢谢"。这会是很温馨的一天。老师也会利用这一天对孩子们进行文明礼貌教育，孩子们都习惯了说"对不起"、"再见"、"谢谢"，变成了讲礼貌的好宝宝。

4. 感受春夏秋冬四季之美

幼儿园的孩子们普遍对这个世界的变化感到好奇，充满探索精神，我们小时候谁没有舔过雪花、尝过雨水呢？草木的荣枯、四季的变换对孩子们来说是神奇的事情。美国幼儿园会组织春趣（Spring Fun）、夏乐（Summer Fun）、秋乐（Fall Fun）、冬趣（Winter Fun）活动，春天带着小花锄去花园里耕种，夏天去公园观察动物活动，秋天去采摘，冬季去踏雪。而教室的布置，也会很应景，比如，春天会布置得生机盎然，而且会插上一束迎春花。冬天的"白雪"是必要的装扮，但更要布置得温馨。

采摘南瓜庆祝万圣节

　　美国幼儿园里的小朋友都有充足的时间去玩耍，但是仔细观察就会发现，幼儿园让他们玩的很多游戏，都是通过精心设计的，玩的同时渗透了教育，让孩子玩得有意义。比如：

1. 今天啥都是反的哦！

　　这个活动的名字叫反向日，一般在每年四五月份进行。孩子和老师在这一天都要说反话，做事也得反着来。这一天的幼儿园会笑话百出，孩子们脸上都洋溢着快乐的笑容。这个游戏看着简单，其实意义深远，笑声里孩子们游戏语言，揣摩语言的神秘之处，游戏结束，他们掌握了很多同义词和反义词，也学会用不同方式表达自己。

2. 我把衣服穿反了

我们都知道，孩子经常会把衣服穿反，家长在纠正后，儿童会把衣服穿对，但也许不会真正明白为什么他那样穿是错的。因此，美国的幼儿园里在某一天会组织老师和孩子反穿衣服来上学，这天被称为"反穿衣服日"。当然，最终老师会不失时机地告诉儿童怎么能不把衣服穿反。类似的活动，将是有效提高孩子生活自理能力的最佳办法。

3. 今天穿睡衣上学校

孩子们做一件事情做久了，难免会产生厌倦，同样地，每天都上学，孩子的厌学情绪也会增加。睡衣日正是针对这个问题展开的活动。在这一天，孩子和教师都穿着睡衣来上学，目的是让儿童放松心情，摆脱不良的情绪。孩子们喝着热巧克力，穿着睡衣，悠闲地与同伴谈天玩耍，非常悠闲快乐。

爱国教育从小抓起

爱国教育相信在任何一个国家都是教育的一个重点。一项权威调查显示，在欧美 18 个发达国家中，美国人对自己国家的认同感和自豪感是最强的，也是最愿意为保卫祖国而战的。据说美国士兵的出操口号就是：one two three four, I love America.（1-2-3-4，我们爱美国。）美国很重视爱国教育，从幼儿园阶段开始，就已经将爱国教育渗透其中。比如，美国幼儿园每年都会有选举日、总统日、国旗日的活动。

美国的爱国教育和实际生活结合很深，这主要得益于他们小到决定运动团队的队长，大到国家总统的产生都必不可少的选举制度。

美国的总统大选每四年进行一次，幼儿园的小朋友自然还不到法定投票年龄，但是幼儿园却会在选举日的前两天举行仿照大选的程序和运作模式的活动，引导幼儿参加。老师会在投完票的孩子背上贴"我投票了"的标签。然后，老师对票数进行统计和宣布，并与学生一起等待大选的结果。期间，老师会把总统竞选人的照片贴在墙上，和孩子们讨论投票、竞选的程序等问题。最后，验证选举的结果，投对当选人的孩子们会谈投票的缘由。

每年的 2 月 21 日，是举行总统日活动的日子。它设置的初衷是纪念美国历史上两位伟大的总统——华盛顿和林肯。届时，老师会把历届总统的图像挂在教室里，让孩子们熟悉每一位总统的相貌。同时，师生还会进行简单的趣味问答，大家一起讨论总统应具有的美德和才干。

6 月 14 日，是美国的国旗日。美国从幼儿园开始，就对孩子们讲授星条旗的含义，知道国父华盛顿建国的故事和美国的独立战争等。在幼儿园的日常安排中，国旗宣誓仪式是每天都要举行的。孩子们面对国旗，右手扶到左胸前，庄严地齐声朗诵："我相信美国是一个民有、民治的国家……"不仅幼儿园有专门的国旗活动节日，而且每逢庆典或者集会，家家户户窗口都会插上美国国旗，汽车上也会悬挂国旗，张贴口号"支持我们的军队""上帝祝福美国"等，运动衫、帽子上也会有美国国旗的图案。甚至给儿童吃的小零食上面也印有国旗图案，游戏机里也有组合星条旗的游戏。

美国人很早就教育孩子们传唱《上帝祝福美利坚》《美丽的美国》等歌曲，那是一种潜移默化、寓教于乐的渗透。美国人几乎都是背诵着《效忠誓词》长大的：我宣誓效忠美利坚合众国国旗，以及它所代表的共和国：在上帝庇佑下的统一国家，不可分割，人人享有自由和正义。美国有各种各样具有爱国意义的节日，比如华盛顿诞辰纪念日，告诉美国人诚实是做人的首要条件；纪念马丁·路德·金诞辰，让美国人理解捍卫种族和人权平等的重要性；庆祝感恩节，告诉人们要永远抱有感激之心；欢庆独立日，让人们记住自由的可贵……

从小就要有爱心

雨果曾经说：世间若是没有爱，太阳也会死。美国的《育儿》网站上有篇文章指出，孩子的同情心和爱心是与生俱来的。家长们都希望自己的孩子要无私、要有爱心，但我们经常会听到中国的家长无奈地叹息：孩子太任性、自私，一点都不知道体谅别人。美国人倡导关爱别人，关爱社会，同情和帮助有困难的人。他们认为：坚强的品格需要巨大的精神力量支持，内心的爱是其力量之源。这种精神深深地埋在孩子们幼小的心灵中，帮助他人是美国儿童教育的一个基本点。特别是在好的学校、好的社区，美国孩子们从小就受到这种良好的爱心教育。爱护环境、尊重别人、热心公益都会受到表扬和鼓励。

幼儿关爱他人的能力不是自发的，而是在和他人的交往中逐渐养成的。亲人之爱、手足之爱、伙伴之爱……在这些榜样的引导下，幼儿会感受到关爱的意义，体会到关爱的力量，并逐渐学着去关爱别人。

我国教育体系虽然也有关于"友爱"的教导，但是目前分数竞争的单一价值体系，与其说是导致学生与学生之间不团结，倒不如说是导致孩子之间的彼此冷漠，因为提高学习成绩更多是一个人就可以完成的工作，花大量时间在这上面的学生，对"合作"这个概念会越来越陌生。美国学校则在竞争之外，加入很多团体合作项目，增强孩子们的集体意识和对整个社会的爱心。

在幼儿园里，老师不仅对幼儿关爱，还引导幼

充满爱心的小朋友善待宠物

儿树立友爱的态度，使幼儿感到安全、愉快，并自然地模仿老师去关爱别人。培养幼儿爱心最简单也最有效的方法，就是教他们"随时随地做好事"。老师告诉孩子们要保持周围环境的干净整洁，引导他们去将地上的糖纸、果皮捡起来扔到垃圾箱，告诉他们，这样可以为自己和其他小朋友创造一个好的环境。美国家长也教育孩子懂得感激、同情、尊重，因为这些情愫汇集到孩子的心灵里，就会迸发出"爱"来。幼儿可以在厨房帮忙，帮助邻居打扫卫生，和家人参加社区服务活动等。幼儿园老师会鼓励孩子们在母亲节等节日里给家人送礼物，比如种一盆自己的小花，自己穿一串项链给母亲，或者写一份温馨的贺卡等，收到这样的爱心礼物，相信每位妈妈都会感到由衷的幸福。

有的幼儿园还会举办"爱心拍卖会"，展出小朋友个人或者集体制作的手工艺品，孩子们会劝说家长通过竞价的方式买下自己喜欢的小物品，也通过这种方式帮助贫穷的小朋友。甚至有的企业也会将一些免费的消费券捐赠给幼儿园，让幼儿园在"爱心拍卖会"上拍卖，所得来的钱，都用来作为扶贫基金，资助家庭困难的小朋友。所有这些不仅能培养幼儿关心他人的品质，也能让他们学会在现实社会中善待他人、善待世界，付出爱也得到别人的爱。

part 3

轻松快乐的美国小学

小学生用自己的手工装饰教室

不让一个孩子掉队

有人说，美国社会给予孩子的是一个十分宽松的环境，他们并不重视教育，可事实又是如何呢？让我们回到 2002 年的美国，答案很容易就找到了。告诉我们答案的便是由美国前总统布什签署的《不让一个孩子掉队法》（No Child Left Behind，NCLB）。它旨在提高学生的学习成绩，缩小学生之间的成绩差距，提高对老师的要求，重点是少数族裔学生、贫困生和残障学生，得到处于弱势地位的少数民族民众支持。当年，布什在签署 NCLB 法案时郑重地宣称：“对整个美国的公立教育来说，今天是一个新的世纪，一个新的纪元。此时此刻，美国的学校将会踏上改革之路并且必将产生新的结果。”

这个法案的实施目标，不是简单的普及教育，而是全面提升小学教育的质量，让所有孩子得到高素质的教育。

这部名字听起来很鼓舞人心的法案的效果如何呢？在实施两年之后，代表了 60 个大城市学区、全国 15 % 的中小学学生的美国大城市学校委员会于2004年3月发表了一份报告称，在2003年，该委员会所辖的4年级学生阅读成绩达到熟练或更好水平的比例同比上升了4.9%，达到了47.8%；数学成绩达到熟练或更好水平的比例上升了6.8%，达到了51%。有73.1%的4年级班级、53.8%的8年级班级和38.9%的10年级班级的黑人学生和白人学生间的阅读测验成绩差距大大缩小；而华裔学生和白人学生间的差距也在逐步地缩小。

奥巴马执政之后，也表现出了对教育问题的极大关注。2010年2月，奥巴马政府表示将向美国国会提出，在2011年增加35亿美元的教育经费，增幅高达7.5%。与此同时，奥巴马政府还提出将要对NCLB做出重大修改，以改变NCLB实施以来造成的学生无法全面发展、学校只注重考察课程的现状。奥巴马在2011年5月21号的每周电视讲话中说："我们需要在全国鼓励改革。我们需要奖励这些不是由华盛顿主导，而是由校长、老师和家长们一同推动的改革。这是我们在教育上取得进步的最佳途径——不是自上而下的改革，而是从下而上的改革。这也是两年前联邦政府启动'争创一流'竞赛活动的主题。我们想法很简单，如果各州表明其认真对待改革，我们就为他们提供资金。这个活动已经为全国带来了一些改变。在田纳西州，我遇到了一些同学，他们自己启动了一项创新性的驻留计划，资历较老的教师可以指导新老师。在俄勒冈、密歇根以及其他地方，给予延长在校上课时间、能做出必要调整、让学校摆脱困境以及教授更多专业课程的老师们奖励，以表彰他们的辛勤付

出。现在我们的最大挑战是如何让全美国 50 个州从'争创一流'
的成功中获益。我们需要推动改革来鼓励全社会去发掘对孩子
们最好的教育方式。这也是国会重新修订《不让一个孩子掉队》
法案显得无比重要的原因，我们要让学校拥有更多灵活性。改
革已经不能再等下去了。"

别具一格的生理健康课

美国的小学通常都是六年制，除了常规的 1 到 5 年级，还设
有学前班。在这六个年级当中，课程的设置几乎都是一样的。但
课程的广度和深度，会随着年级的增加而逐渐有所拓宽和加强。
美国小学主要设置一些基础知识的课程，一般学校共设有八大课
程，分别是语言艺术（Language arts）、数学（Mathematics）、科学
（Science）、社会研究（Social studies）、艺术（Art）、音乐（Music）、
体育（Physical education）、卫生健康（Health）。

在中国传统的教育观念中，似乎没有跟孩子讨论生理变化与
性的惯例。中国的绝大部分孩子都有一个困惑的少年时期，为突
然的生理变化感到惊恐、慌张，却求助无门，没有人告诉他们怎
么做。性教育的缺失越来越引起人们的重视，曾经有记者采访过
小学生：生男生女是因为什么？学生们的回答五花八门，有的说是
与妈妈的想法有关，妈妈想生男孩就会生男孩，想生女孩就会生
女孩；有的认为是与妈妈的体温有关；有的认为是与受精卵的大小

有关，大的是男孩，小的是女孩……学生们的种种猜测，反映出了学校性教育的缺失。中国社科院研究员、性学专家李银河认为，随着现代社会发展，青春期从以前的15岁左右提前到十二三岁。"性教育"就是要未雨绸缪，所以在小学开展性教育并不算早，在青春期到来之前就给孩子们做好知识储备，让孩子们认识到性知识跟其他知识是一样的，就不会觉得性有什么了不起，也才能避免在青春期到来以后因性教育缺乏而造成的比如少女早孕、弃婴等等的一系列社会问题。

在美国人的观念里，这是人的正常生理状况，无需避讳。而且在小学阶段，孩子们面临的主要是生理上的发育和困扰，还不需要太担心性关系的问题。美国小学的生理教育课堂里，让男孩、女孩都知道不同性别的成长与发育，破除对性的神秘感，让孩子们通过正常的渠道来了解性。

在进行心理健康课之前，学校老师会先给家长一封信，征求家长的意见，内容大体是这样的：

亲爱的家长：

我们即将进行新的教学活动，想让你们预先对此有所了解，以便回答您孩子提出的问题，并与他们进行讨论。

我们想先告诉您一个惨痛的事实：在孩子18岁前，1/7的男孩或1/4的女孩子受到过性侵害（sexually abused），受到性侵害的孩子年龄甚至只有七八岁或者更小。

为了减少此类事件发生，我们有义务花一节课的时间和孩子们谈谈这方面的安全问题。我们会讨论男人女人的生理发育，以及哪些触摸是合适的，哪些是不合适的，以及当他们受到猥亵时该怎么办。

如果有进一步的问题，请及时和学校取得联系。

家长签字：

同意，我的孩子参加上课。

不同意。

在生理健康课上，老师会分步骤给学生讲解。老师会在黑板上出示一张简单的人体图片，在人体图片上用两种颜色逐一标出男、女性的身体变化，鼓励学生表达自己的身体变化。然后，分别展示男性、女性的全身裸露图，逐一讲解成年男性和女性的生殖器官。最后，老师会播放一些科教动画片，包括全身裸体图、性器官放大图、器官切割平面图、月经周期、卫生巾的使用……女生还会单独学习相关孕育知识，老师会用一张女性子宫解剖图具体讲解受精卵、胎儿如何在子宫生长、如何顺利出生、剖腹产的原由……此外，老师还会提醒孩子们偷偷摸摸猥亵性的触摸是不可接受的，要告诉可信赖的大人，还要注意身体重要部位的卫生护理：手、脚、生殖器、腋窝、头发、牙齿。

美国小学的卫生健康课，除了教授性保健等内容，心理教育和预防教育也占有相当的分量。比如，如何远离毒品，怎么面对压力并有效地分配时间，如何解决和他人的冲突，如何识别危险物品等，都是卫生健康课的主要教学内容。

表扬、表扬、再表扬

按照我们中国父母的惯性思维，就是最想知道孩子有什么缺点，赶紧去督促改正。有位中国家长这样问美国老师的时候，老师笑着反问家长说：你们总是在研究孩子的"问题"吗？美国教师看重的是孩子的学习兴趣，各自不同的性格、习惯和爱好，鼓励孩子自由思考和表达，而不是拿条条框框限制住孩子，使孩子们听话、被驯服。有一位美国老师说，对人的创造能力来说，重要的是他能够知道如何获取更多的知识和如何综合使用这些知识进行创造，而死记硬背却不会让一个人真正做到知识更丰富、头脑更聪明。

当然，这种教育理念不只是为了给孩子们营造一个轻松快乐的环境，而是为了未来的教育。中国传统讲究"吃得苦中苦，方为人上人"，其实学习，尤其是小学阶段的学习，不应该是一件痛苦的事情。美国小学教师欣赏的不是每个孩子的"优点"，而是每个孩子的特点。他们认为，正是这些"特点"成就了各种不同领域的成功人士。

美国的教育箴言是：努力发现孩子的长处，激励孩子的自信。有一位中国家长的孩子非常活泼好动，家长去学校忍不住问老师："我们家的孩子特别喜欢说话，会不会影响到你上课呢？"老师微笑着对她说："她太活泼开朗了，她让我们的教室很有生气。有一

Name Eli _____

This week I learned...

i did not kode tha
the british arm tiz to
mut the lidtetdell

It's a good thing
they did not find it!

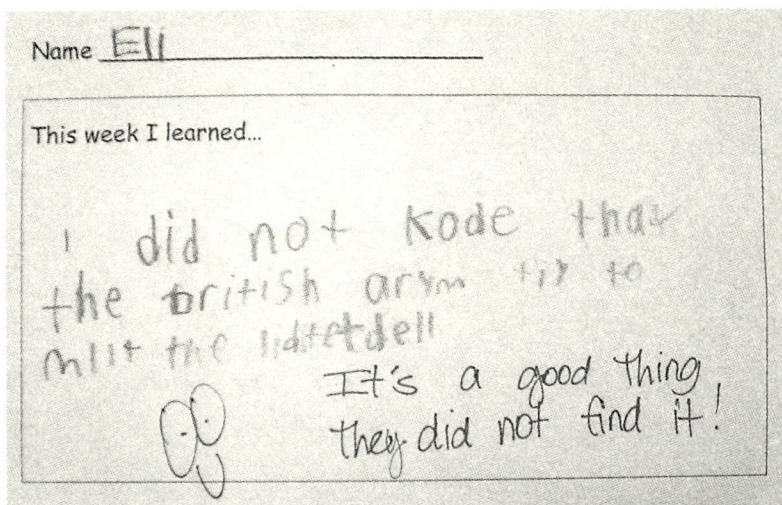

老师努力发现与表扬学生的优点

次她没来上课，我都觉得教室少了些活力。"我们的课堂重视的是
纪律，美国课堂尊重的是自由。孩子们可以随便提问题，甚至再
问一遍老师刚讲过的问题老师都不会恼怒，无论多有个性的老师，
都不允许说出怀疑孩子智商的话，更不得羞辱打击学生，这是他
们的师德。

　　班干部大家轮流当，人人有资格上讲台演说来展示自己，讲
得好不好都没有关系，因为学校的目的本来就不是分出三六九
等，而是让所有学生提升。从不断的班干部演讲实践中，孩子们
的能力不知不觉就得到提升，本来就优秀的得到肯定，之前比较
害羞的得到自信。这就是美国"快乐教育"的精髓所在。所以，
家长和老师教育孩子的一大特色，就是表扬、表扬、再表扬。老
师和家长会千方百计地挑出每个孩子身上的优点和亮点，一个劲

地去表扬，而对于不足的地方则采取的是忽略态度。时间久了，孩子在这种鼓励之下，优点会越来越明显，缺点也就在这个过程中慢慢地弱化了，这正和我们的一个成语相符合，那就是"扬长避短"。甚至，如果总是夸奖鼓励一个孩子，他也会自然而然地想着用同样的话夸奖和鼓励别人。这种表扬的力量是潜移默化的。

很多中国人不主动也不擅长夸孩子，怕助长了孩子的骄傲心理，结果却不小心让孩子成长为一个自卑的人。而美国人一般不对孩子说否定的或者不好的话。说话的方式可以影响一个孩子的心理，慢慢也会改变孩子的习惯甚至是性格。时常表扬孩子，除了对于孩子的进步有帮助外，大人听了也会有很好的感觉。

暑期生活也精彩

如果你去问中国小学生和美国小学生同一个简单的问题："你喜欢你的节假日生活吗？"那你就会惊讶地发现，你得到的答案是截然不同的，绝大多数中国孩子会说不喜欢，而几乎所有的美国孩子，都会很开心地告诉你，他非常喜欢自己的假期。

网上曾经有一份流传甚广的《美国小学生暑假要做的100件事》，包括开个睡衣晚会、野营、远航、探索基地、去图书馆、烤饼干、带着微笑做家务……简单明了地表达了孩子们暑假最重要的目标——玩得高兴！

　　不难发现，中国小学生的大部分课余时间被学校和家长布置的庞杂的家庭作业和各种课外辅导班所占据。在寒暑假，有条件的孩子可能会参加夏令营等一些有意义的活动，可以给孩子带来些许快乐。但在中国的一些贫困偏远地区，孩子的课余时间更多的是和一些繁重的农活联系到一起，这些孩子很早就从事和自己年龄不符合的体力劳动，也就无从谈及丰富的课余生活了。更值得我们注意的是，近几年在我国社会悄悄兴起的各式各样的辅导班，很多家长不管孩子到底有没有兴趣，都替孩子做主，并强迫孩子去参加文化课辅导或者兴趣爱好培养班。这必然将给孩子们的成长造成很多不良影响。

　　美国小朋友为何如此喜爱自己的假期生活呢？接下来，让我们去看看美国的小学生到底是怎么安排自己的暑期生活的。

　　谈及美国小学生的假期生活，最具特色的当属参加丰富多彩的社区活动。美国的家长们不在乎孩子是不是在暑期能学到技能，反而很愿意掏钱让孩子去社会上做义工，而义工所涉及的行业和内容丰富得让人眼花缭乱：去银行扮演一个柜台员工，去警察局做一个小小警官，去医院做个白衣天使照料病人，到公园或者河边清理垃圾，而且以后承包一段专门清扫等等，还有的小学生去流浪者收留中心为无家可归的人做饭或者去"麻雀之屋"拔杂草。

　　做义工是美国社会的一个良好风气，医院、图书馆、红十字协会以及很多的公司都会提供给小学生各种做义工的机会。在做义工的过程中，孩子们既接触到了社会的点点滴滴，培养了对社会的责任感和美国式的"私而有公"的精神。一项统计数据表明，在美国，12岁以上的青少年60%以上都曾参加过各种义务服务活动。

除了去做义工，美国小朋友还有其他丰富多彩的暑假生活。

美国的公立小学，暑假一般会有几个星期的暑期班，而且公立学校的暑期班通常是免费的。暑期学校的课程和平时的课程相比显得丰富多彩，包括下棋、打球、骑马、打高尔夫等比较新奇和有意义的课程。家长一般会根据孩子的兴趣建议他们选合适的课程，家长送孩子到暑期班不是为了让他们学到多少知识，而是为了让孩子们的暑期生活不单调乏味，而且富有社会意义。

在暑假，童子军也会有活动。童子军包括男童军（BOY SCOUT）和女童军（GIRL SCOUT），分别于1910年和1912年成立，各有约300万名孩子参加。童子军的夏令营活动，旨在让队员成为坚强的人，他们的活动项目包括野外观察、游泳、急救、露营、徒步旅行、划船、狩猎、制造工具等。

在美国，大部分人都有宗教信仰。美国很多地方在暑假里都开设圣经学习班（VBS），甚至连三岁的幼儿都可以报名，让孩子们接受到宗教教育。圣经学习班通常是半天课程制，课时一星期，也是免费的，有的还提供早餐和午餐。在圣经学习班，孩子们除了能接受宗教教育，还能接触到一些小手工，可以观看节目表演等等。

美国的公立小学也有暑期知识补习班，有校车免费接送，但只会开半天课，从上午9点到中午12点，大约学习5周。但是只有成绩没有达到平均成绩的孩子才去上补习班，而且名额由老师推荐，并不是任何学生都可以参加的。

中国传统观念 PK 西方自由教育

2011 年 1 月,《华尔街日报》刊发了一篇对《虎妈战歌》的书评,题为《为何中国母亲更胜一筹》,而"虎妈"登上《时代》杂志封面,更是引来了两国教育方法的大比拼。

"虎妈",是美国耶鲁大学的华裔教授蔡美儿,之所以成为"虎妈",一是因为她属虎,二是"虎"象征权力和敬畏,恰恰符合她在女儿们日常生活中扮演的角色。该书介绍了她如何以中国式教育方法管教两个女儿,她订立了诸如不准夜不归宿、不准参加学校的小组娱乐活动、不准参加校园演出、不准抱怨没有参加校园演出、不准看电视或玩电子游戏、不准擅自选择课外活动、不准有科目低于 A、除了体育与话剧外,其他科目不准拿不到第一、不准练习钢琴及小提琴以外的乐器、不准不练习钢琴及小提琴的十大"家规"。

"虎妈"的做法引来很多人的反响。在中国,我们经常能看到的现象便是:小小的孩子每天早早就去学校,晚上很晚才回家,回到家里又开始做作业直到很晚,周末和假期还得上各种补习班和特长班。然而在这些光鲜亮丽的外表下面,是多少孩子的不快乐。看看各种科目的考试竞赛,中国学生多能名列前茅,但再看看科技创新,中国远远落后。一位美国学者指出,中国家庭中的长辈过于控制孩子的发展,孩子缺乏自由的空间,由此使得社会逐渐丧失了创新和活力。因而,中国的人才结构呈一个金字塔形,处于顶端的部分过于单薄了。

美国的教育系统，呈现小学轻松、中学紧张、大学更紧张的循序渐进的特点。这样，孩子在小学时，有充足的时间享受孩童的天真和浪漫带给他们的无限快乐。当到了中学后，很多事情在孩子们的心里已经有了一定的认识，同时身体和精神上也到了可以承受较大的压力和担负较大责任的时候，此时，他们的功课也会相对增加一些。到了大学，每个学生都在通宵达旦地紧张学习，学习的强度和深度堪称全球最重。这样的系统，从客观上符合了学生的心理和生理发育的特点，也避免了学生因为过早的沉重负担而引起对学习厌倦的情绪。同时，也保证了学生从 18 至 22 岁左右这几年的光阴切实用在学习和必要的实践中，避免了这几年时光的浪费。

其实，"虎妈"是个特别的例子，她生活在美国，却用着中国传统的教育方式，而她耶鲁大学教授的身份带来了别人对她更多的关注。"虎妈"在中国受到很多家长的追捧，但在美国却引起了一片质疑。一个美国妈妈也让孩子去学小提琴：他对什么感兴趣，就学什么。不感兴趣，就停止。孩子可能成不了莫扎特、爱因斯坦，但只要他活的开心、自由，懂得对人生和社会负责，就够了。我不是"虎妈"，最多只能是个"猫妈妈"。其实想想，孩子能够按自己的意愿去生活，能达到自己理想的人生状态，开开心心，何尝不是件好事呢！

或许可以这样理解"虎妈"事件：其实东方的严格和西方的自由教育理念各有优势，许多家长不会否认这一点。只不过，在中国的教育、升学体制下，很难实践西方的自由主义，否则孩子连大学都考不上，未来的就业、生活都难以保障到一个特定水平；但另一方面，在美国上学的中国学生，"放任自由"之外，如果有严格的规章制度约束，有理解他们的家长的监督，却可以将他们自身的潜力更进一步发挥。

动手能力巧培养

孩子稚嫩的双手，能捏出世界的未来，孩子的创造力和动手能力是十分重要的。一个国际评估组织的调查显示，在中国的中小学生中，认为自己有好奇心和想象力的只占到让人惊讶的 4.7%，而希望培养想象力和创造力的也只占不到 15%。中国的孩子如此差劲吗？不，肯定不是。

美国非常重视学生的动手能力和创造力的培养，而且从小学生就开始着手。大多数小学每年都会举办一次或者几次科学节。对科学研究有兴趣的学生，都可以报名参加科学节的评比。这个比赛没有标准命题，一切以孩子的兴趣出发，孩子们对什么拿手，就拿什么课题去报名参赛。孩子们自愿参加科学节，学校和家长都不勉强。

美国小学在数学课堂上流行一种"木匠教学法"。其实这种方法特别简单：给孩子们一些木块和尺子，让他们去量木块的尺寸，然后自己想象着去拼造一些简单的物品。看似一个简单的活动，却能使学生在实际操作中体会尺子的用途与使用方法，也充分的理解了线段长短和加减的实际运用。小学课堂上还有一种课程叫"活动设计"课，这堂课会让孩子们画出房间的平面图，包括桌椅、家庭布置、家电等，然后画出效果图，包括窗帘、灯具、床单的花色样式等，然后让孩子到网上去选择这些家具的图片，要考虑价格因素，选择物美价廉的。这一切都做好之后，同学和老师一起点评，不是找出设计最好的，而是找出每个同学的创意点子。教师的任务只是指导孩子去干什么和解答孩子们在动手劳动中遇到的各种问题。能使孩子们始终处在一种具体的操作之中，是这个方法的特别之处。它之所以能成功，要归功于它可以让孩子在动手中发现问题、思考问题和解决问题，而不是像传统方式那样按教师事先规定的方法去做。在提高孩子动手能力的同时，也给了孩子们充分发挥他们的想象力与创造力的机会。

美国的教育者从小学就开始注重培养学生动口动手和勤工俭学的能力，会有做课题、演讲、参加音乐会、画展、卖报等各种活动。学校会为学生提供各种各样的工具和机器，来增加孩子直接的感知和自己动手的能力。而且商场也会辟出专门的场地供孩子们玩橡皮泥、做手工等，也正是在这种大环境下，他们才真正身体力行地去学会动手，学会创造。

在美国的艺术课上，你可以随处看到孩子在用陶瓷、石膏、纸、木头等等来制作各种艺术品。而在科学课上，学习矿物知识时，老师可能会让学生先去采集石料，再由他们打磨加工成石球或石粉；有些艺术作品需要许多道复杂的工序，有时要花几个星期甚至

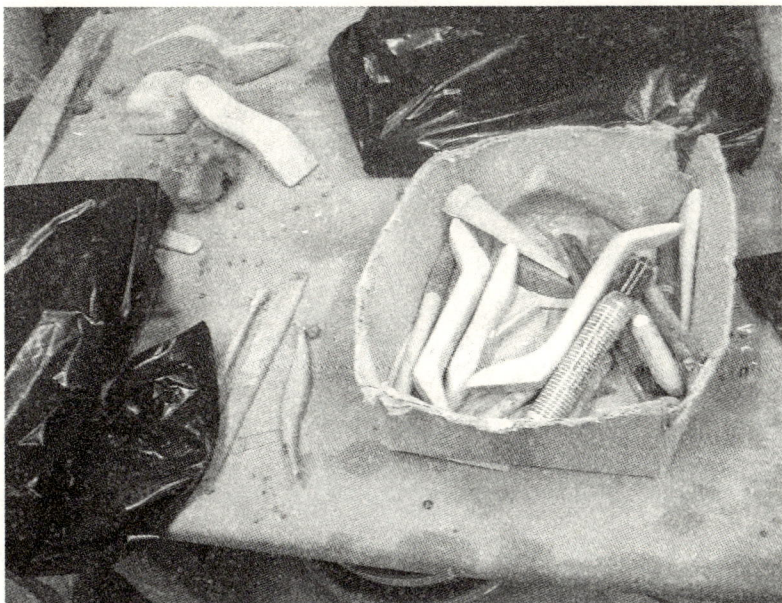

雕塑艺术课为学生提供的工具

整整一个学期去完成，但是孩子们都会很开心地去完成这些任务。

　　我国有句很著名的古话：实践出真理。仔细一看，美国的小学可谓把这句话发挥得淋漓尽致。美国把培养学生的动手能力和创造力作为教育的目标，方法可谓多种多样，当然，经过长期的努力，美国孩子的学习考试成绩往往不是世界上最好的，但这些孩子长大成人后的创造力却在世界上名列前茅。

小小艺术家

　　从提高小学生整体素质的高度，美国提出艺术教育要从"纯粹艺术"教育中解脱出来，"在创造艺术形式和美的感觉的过程中，让小学生获得美感体验"。艺术教育的最终目标是要唤起孩子们创造的热忱。世界上的各个发达国家都把艺术教育作为义务教育中必不可少的一项内容。艺术教育的真谛并不在艺术本身，而是通过艺术教育培养起小学生的艺术素质和创造能力，使学生能快速适应社会的变化，在未来社会中学会生存。

美国小学的课程中，艺术类课程的设置，要比中国全面得多，音乐和美术是小学生必修的基础课。艺术的熏陶是培养孩子想象力的一个十分重要的手段。达·芬奇是个难得的全才，这位闻名世界的意大利画家，在绘画艺术上的巨大成就，让我们忽视了他同时也是一位超前并且十分有想象力的发明家的事实。达·芬奇在1495年画了一幅降落伞的草图。而很多年以后，法国科学家才根据这幅草图，制造出降落伞，使达·芬奇的想象变成现实。这个事实证明，艺术和创造发明有很大的关联，想象力是艺术家的生命，没有想象力的支持，艺术家是根本无法进行创作的。所以，让孩子们学习艺术，自由发挥自己的想象力，对孩子创造力的培养是十分必要的。

同样是美术课，中国的小学生一般只是拿着一个样画去临摹。谁模仿得最像，谁的分数就会最高。而在美国的小学，老师会鼓励学生自由想象，从来不做模画。小学的美术教材从古希腊的瓶画到毕加索的立体雕塑，甚至古埃及的木乃伊等都有涉及，而且很多小学还有正规的电窑和工作室，学生可以去实地实践。教师评价也没有固定的标准，更谈不上模仿的逼真与否，只要是用心去做的孩子，老师都会给予他们很高的分数作为鼓励。学校还鼓励孩子用鞋盒或者卫生纸的纸筒等废弃物做手工艺品，孩子们不仅培养了动手能力，还不知不觉养成了环保意识。学校会定期举办画展，展览孩子们的作品，无论多么糟糕的作品，都会被郑重地悬挂出来。家长和学生都会兴致勃勃地去参观，这也是小画家们非常自豪的日子。美国还有一些非常著名的报纸，也鼓励孩子们的艺术创作，只要是孩子们的认真投稿，他们都予以刊登，给孩子以莫大的鼓励。

美国小学的音乐教学也非常有特色。学校每周只有一节音乐课，一、二年级的小学生以唱歌为主。到了三年级，学生需要选修一门乐器，学校会发给每个孩子一支竖笛和一本琴谱，经过一学期的学习，孩子们可以一起演奏简单歌曲。从四年级开始，孩子们有机会学习乐器，主要以弦乐为主，比如小提琴、中提琴或大提琴。五年级可以学管乐，有萨克斯、黑管、长笛、圆号、长号等等。学生们可以组成管弦乐队（Orchestra）和乐团（Band），利用自由活动时间排练乐曲，并在学年结束时举行汇报演出。之后，这门乐器会跟着孩子们一起成长，伴随着孩子的成长和生活。这样，美国小学生从三年级开始，就离不开乐器了。即使孩子不想当音乐家，也能在学校里受到系统和全面的音乐教育。另外，参加乐队对孩子的吸引力非常大，他们可以找到属于自己的圈子，交到很多朋友，并且培养起孩子良好的责任心和集体意识。

美国亚利桑那州公共教育长官汤姆·霍恩先生，把为所有小学生提供全面的高质量的艺术教育作为施政目标。霍恩先生说："教育的目的有三：为孩子们将来就业谋生做准备；为孩子们成为公民做准备；还要把他们培养成有深层次审美能力的人。"

美国的全体学生，无论其天赋如何，均有权享受艺术教育所提供的丰富内容。在科技日益先进、信息日趋复杂的环境中，艺术有助于全体学生发展多种潜力，更好地理解和辨别充满形象与符号的世界。只有重视艺术的教育价值，才能促进人性的全面发展与完善。

一个空的书包，一对飞翔的翅膀

在看到一些美国校园电影之后，不少人感叹并羡慕着美国学生仿佛完全不用学习的校园生活。却不知道，美国学生并不是不学习，只是不像中国学生那样"学习"而已。

美国教育体系认为孩子需要在知识的天空中自由飞翔，学生空空的书包给了他们自由飞翔的羽翼，在他们飞翔的同时，中国的小孩正在重压之下步履蹒跚地艰难前行。对此，一位生活在美国、名为高钢的家长，曾经写过一篇连载《我所看到的美国小学教育》，在国内引发了强烈反响。

他带着自己 9 岁的儿子来到美国，一开始忧心忡忡，他搞不清楚这到底是不是一个学校。上课时，孩子随意地自由讨论，随时都可以放声大笑；老师也没有一点严肃的样子，常常和学生随意地坐在地上；上学似乎就等同于玩游戏；竟然每天下午 3 点就放学了；而且还没有统一的教材。第一次带孩子去学校，他把儿子在中国读的四年级课本给老师看，老师当时告诉他，到六年级他的儿子都不用再学习数学了。他当时就后悔把儿子带到美国，觉得会耽误了孩子的学业。在中国，小学生的书包都是沉甸甸的，一副很有知识分量的样子，再看现在的儿子，每天背着空空的书包，高高兴兴地上学放学，轻松无比。

但是他慢慢地发现，过了一段时间后，孩子放学后不直接回家了，而是直奔图书馆。常常背满满一书包的书回来，没两天又还了。他好奇地问儿子借这么多书干吗。儿子告诉他是做作业用的。然后，他看到儿子作业的题目竟然是《中国的昨天和今天》，他十分诧异，这是什么题目啊？这个题目给了研究生，也没人敢去做这么大的课题。他责问儿子这是谁出的主意，儿子一副严肃的样子回答道："老师说，美国是个移民者众多的国家，每个同学需要写一篇关于自己祖先生活国家的文章，还要根据地理、历史、文化等多方面，分析与美国的不同，并说出自己的观点和看法。"这位父亲剩下的只是沉默和质疑。

没过几天，一本20多页的小册子便是他儿子完成的作业，从黄河写到象形文字；从丝绸之路写到五星红旗……整篇文章很有气势，观点明确，分章断节，最后列出的是一串孩子最近读过的参考书目，这位父亲彻底被孩子"吓着了"，这种博士论文的写法，他是到了而立之年才开始学习的，而自己仅仅9岁多的孩子，竟然可以写出如此的文章！等到他的孩子六年级快小学毕业的时候，老师留给学生一连串关于"第二次世界大战"的问题更是让他瞠目结舌，在他看来，这简直像是国会议员候选人的前期训练：

"你认为这场战争谁该负责？"

"纳粹德国最终失败的直接原因是什么？"

"如果你是杜鲁门总统的高级顾问，你将对美国投原子弹持什么态度？"

"你认为现代社会避免战争最好的办法是什么？"

诸如此类给予学生充分思考空间的问题，没有一个标准答案，只要是孩子认真思考得出来的结果，都是对的。对于小学五年级的学生，学校只要求能够会分数的加减乘除、写"五段体"的短文、掌握一本书的主要内容、利用图书馆的图书和资料进行研究、会写正式书信等简单的技能即可。这种教育方式，没有教材的限制，没有标准答案的指手画脚，孩子的思维得以自由地翱翔于天际。

当中国的孩子和家长还在为"孔融该不该让梨"展开网络大讨论时，大洋彼岸的孩子却在思考与他们当下的生活和未来的世界相关的问题，关注如何成为一名公民，如何用充满责任感和使命感的心态参与社会、创造生活。可见，学习结果如何，与书包的轻重没有必然关系。

part 4

初中生活面面观

中小学生参加啦啦队活动

"小升初"门槛

2008 年，北京市教育主管部门把制定"小升初"政策的权力下放到各区县，使"小升初"区域间的不公平得到进一步延展。

北京市教委的"小升初"政策，只有就近入学和特长生两种基本方式，但在各个城区中，却多了不少变相的入学方式压倒免试入学，使特长生、"条子生"、"共建生"变得越来越普遍，以权择校、以钱择校、以优择校，俨然成为北京"小升初"的重要方式。

而对于美国小学生来说，升"初中"（美国没有明确的初中构造，一般把从小学到高中毕业按不同学制分成 12 个年级）就像顺利升级一样，只不过是换个环境、换些同学。这主要得益于美国相对丰富的教育资源与优质的教育服务。美国的"择校"基本上是按照居住地来选择。当然，少数贵族学校、明星学校对于生源还是有不同程度的考察，包括学生能力和家庭背景等等。但总的来说，美国孩子在小学、中学阶段都可以得到非常优质的教育，受教育的机会和质量，对每个学生都是公平的，与家长的财富、地位无关。所以，美国家长不用为了帮孩子"择校"费尽心力。

经历过"择校"槛的家长可能会认为，没有择校，怎么让孩子步入精英教育的门槛？怎么让孩子在起步阶段就胜人一筹？事实上，美国也有精英教育，但是所谓"精英教育"在初中阶段到底能起到多大作用？除了极少数智商极高，十几岁就能大学毕业的天才，美国"精英教育"的分水岭主要集中在少数高中、大学乃至研究生阶段。小学、初中作为基础教育，更多的重视学生的性格塑造，所以才会有那么广泛的教育范围以及快乐的学生时代，让学生们打下未来做人、做事的基础，掌握学习的方法，增进学习的兴趣，为日后的教育（尤其是大学和研究生阶段）实现"精美"化做出充分的准备。

教室不固定，课间来回跑

美国的学制不统一，有的学区是 K-5-3-4（即幼儿园一年，小学五年，初中三年，高中四年），有的学区是 K-6-2-4 学制，还有的地方是 K-6-3-3、K-4-4-4、K-6-6，或者 K-8-4。但是前两种学制是比较普遍的。在美国教育体系中，初中（middle school）与小学（elementary school）是有不同之处的。初中开始，学生们必须要学会自己管理自己，美国的初中只分年级和科目，没有我们所说的"班"。科目的安排跟中国的大学类似，每个科目按难易程度分为不同等级，学生依照自身的志趣选上不同级别的课。因此，每个人的课程表都与别人不同，一个学校有几千个学生可能就有几千份课表。中国同一年级的学生用统一的课表，学习同一样的课程，同样的进度，在美国是不可想象的，老师和学生会怀疑：这么多学生怎么可能会有相同的学习能力、兴趣和需要呢？

在中国，中学生上课是上课铃响了，老师去某个班级上课，而美国却是学生上课去某个教室找老师。老师的办公室也是学生的教室，教室门口的墙上写着老师的名字 "Mr.××'s Class" 或 "Mrs.××'s Class"。老师 "守株待兔"，学生处于动态，按照课程表的要求去找老师的教室，上完课后再去找下节课老师的教室。

美国的课间只有3-10分钟，学生要在这3-10分钟内赶到下一节课的教室去上课。开学前，新生们会领到学校发的地图，上面详细标明了各科教室的位置。因为美国的中学校园大得令人惊讶，如果地形不熟，几分钟的课间绝对找不到教室。

为了给学生奔波于各个教室提供方便，学校为每个学生都提供了个人的locker储物箱，一般设在走廊或过道。学生可以把自己的书包和暂时不用的东西放在里面，每节课下课后再换下节课的书籍用品。但《学生手册》规定，即便柜子没有使用，也必须上锁，并且不能变更锁的密码或交换柜子，不准在柜子上粘贴图画。柜子是学校的财产，学校有权在任何时间对柜子进行检查。

学生没有固定的同班同学，每天上几节课就有几个班的同班同学，美国学生同班同学往往是"他是我音乐课的同学"或"她是我数学课的同学"，他们很少有几节课都在一个班的同学，更不可能有所有课在同一个班的同学。根据人人平等原则，学校没有重点班，学校对不同程度的学生不一刀切，同一个班的学生可以根据自己某门课的水平不同去上不同等级的课程。每一个学生都有一个"指导老师"，负责学生的学习程度，建议每门课该进入哪一个年级学习。比如，一名学生英文、化学可能在 12 年级，数学可能是在 11 年级，法语可能在 9 年级。对于在某一科目上学习有困难的学生，老师还专门给他们开小灶。

美国中学生一个学年分为四段，学生在每个阶段需要上四门必修课和两门选修课。美国初中必修课是数学、英文、社会交际和体育四大重点课，化学和物理课是要到高中才学的，初中并不开设。初中生的数学课比较简单，很多是"84 大于还是小于 81""2 的 7 次方 = ？"等。有的学校英语有 3 本教材：一本主要讲语法的《英语》（500 多页）；一本是《拼写》，单词的拼写训练（300 多页）；还有一本《文献》，讲授各类题材的文学作品（厚达 800 多页）。美国学生初二才开始学外语，外语并不是初中必修课，如果孩子不想修外语课，可以选修其他课程。美国的初一历史就已经侧重于让学生知道什么是历史，如何寻找历史与现在的关联，人类如何发现历史等。比如，他们通过讲述埃及胡夫金字塔发掘历程，告诉学生们考古学家怎样从事考古挖掘，包括使用的工具、应该如何进行现场发掘记录等需要学生思考讨论的问题。每个学期开始前有选课期，学校会给学生发放学校课程目录、参考资料，学生根据教学大纲选课。

学校一般早晨 8 点上课，下午 3 点放学，每节课 45-50 分钟，按规定学生每天要在学校学习 6 节课。开学两周之内如果学生不喜欢上课的老师，或者跟不上，可以选择退课。

一学年学生要上 8 门选修课，包括美术、音乐、合唱、厨艺等，选修课并不是学生可以随便选择的，如果学生没有特殊要求，那么会有学生顾问来帮助学生安排选修科目。有的学校课程虽然看起来不少，但是初中生的课程分为 A 天和 B 天，两天上的课程不一样，两天分别上一门选修课，A 天上一门选修，B 天上另一门。每天要上四节必修，每节课一门。每天学习 7 个小时，虽然时间不是很长，孩子却能学到很丰富的内容，所以学校和家长都不必操心孩子们的晚自习或周末补课。

学生必须通过所有的必修课程才能毕业，必修科目如果不及格，必须重修。学生会在每学期结束后收到每门科目的成绩，成绩测评系统有多种，有的用 A-D、F、I、R 表示，A-D 表示最优到勉强及格，F 表示不及格，I 表示半途而废，R 表示必须重修。

美国教育总体上更突出学生的个性，非常重视学生动手能力、表达能力（presentation）的培养，几乎所有的知识学习类课每周都会进行一次小测试，所有的测试成绩都会记到学生的成绩档案中。老师会依据学生整个学期的报告、作业、课堂讨论、随堂小测验、期中考试等来给课程正式成绩，学期结束的测试比重并不像中国期末考试那么重要。

　　每学期学生们都要给老师评分，不受学生欢迎的教师奖金可能减少，甚至会被炒鱿鱼，所以没有老师敢歧视、打骂学生，老师会努力和学生融为一体，想办法讨学生喜欢。比如，教师在课堂上会给表现好的学生糖果，在节日时请全班同学吃比萨。既增进了师生了解，也为学生能接受老师、接受课程做种种努力。

我们爱上体育课

　　据《今日美国》报道，美国疾病控制与预防中心的一个报告

环境优雅的中学校园

显示，学生积极地参加体育运动，不仅不会影响学习，还可能提高成绩。美国体育教育者和公共卫生学人士对学校体育教育的共识是：学生在学校期间，有一定的活动时间和适当的活动强度，以健身而非竞技为目的，能预防少年儿童的某些疾病，培养参与终身体育活动的兴趣，形成健康的生活方式。

体育课是美国初中生的必修课，很多中国学生刚到美国时会被问到擅长什么运动时，当时就傻眼了。

国内一成不变的体育课对很多学生，尤其对女生而言是一种痛苦。学生不爱上体育课，大多是因为没兴趣，能做的运动就那么几项。如果能像美国的学校一样，有各种舞蹈、跆拳道等可供自由选择，对体育课，学生的兴趣恐怕会非常浓厚了。比如，要养生，有冥想课；要塑形，有瑜伽课；爱交际，有舞蹈课；甚至如果暑假要去亚马逊丛林探险，学校会有野外求生课。估计很多学生都会从此爱上体育课。除了跳舞、攀岩，学校的健身中心还有跑步机、自行车、举重器和肌肉锻炼仪器等项目和仪器，可供学生们上体育课时选择，学生们的各类兴趣爱好几乎都能得到满足。体育课的内容设置非常专业化、多样化，而且只要是学生，上这些课就通通免费，这些课要在社会上学的话，肯定要花大价钱。

学校还为学生提供很舒服的场馆式室内运动场，阴天下雨也不耽误体育运动。一般的体育课是在室内上的，每个同学都有体育课专用的带锁小柜子，可以把运动服及运动鞋放在里面，体育课开始前的 5 分钟，要先在更衣室换好体育课专门的运动短裤、

T恤、鞋子。体育老师对衣着的要求特别严：运动服不准有拉链、扣子及口袋，上体育课时不允许戴耳环、手镯、项链等饰品，一些平时喜欢戴首饰的女生这时不得不把这些宝贝放进柜子里。

篮球（Basketball）、橄榄球（Football）、足球（Soccer）、排球（Volleyball）、棒球（Baseball）等球类的运动，都是学校常见的体育项目，而且学生在课外的主要活动就是参加学校的体育活动。每个项目都有体育队，初学者一般会被分到Junior Varisty（准校队，简称JV）中，报名就可以进入，更优秀的将会被选入Varsity（校队）。

体育在教育中的地位，也得到家长的重视。无论父母多忙多累，都会不辞辛苦地来观看孩子的体育比赛，他们通常会为球队带来一些饮料和零食，并且在一旁呐喊助威。在社区，家长们会带着孩子跑步、打棒球，如果孩子能进入校队，整个家庭会感到非常荣耀，家长会为此专门举行家庭聚会庆祝。

体育不再仅仅被视为校内课程或单纯的课外休闲，而是传授学生有益于终身健康的习惯与知识的教育课程。体育课总体上分为竞技体育教学、健身体育教学、社会实用教学、学科联系教学，每位学生在选课之初需要根据自己的兴趣爱好和个人素质选择不同的课程与难度。

值得一提的是，美国体育课的特色项目，即野外竞技运动和探险教育。如独木舟运动、背包旅行、自行车越野、定向运动等，这些活动的目的在于培养团队或个体在各类困境中解决问题的能力。另外，动作教育也可以帮助发展学生的运动技能，动作教育强调对体育运动中大量动作技能的探究，学生彼此之间可以借助器械来发现锻炼身体的新方式。这种发现式学习，具有一定的挑战性，学生必须通过努力来找到解决问题的途径。

体育简称 PE（Physical education），意为身体上的教育，它不仅包括健康教育，还包括身体保护。老师会在体育课上教学生遇到危险时，怎么运用防御和进攻应付坏人。美国运动与体育协会的克雷格·巴斯切拉警告说，仅仅让孩子跑圈并不能使他们更聪明，"我们的目的是为儿童和青少年成为终身体育锻炼者提供指导"。上课时，老师不只传授体育技巧，也注重培养学生的个性，鼓励学生在激烈的对抗比赛中展露锋芒，成为校园体育明星。

很多美国大学名校会优先录取校园体育明星，但他们录取的

家长在看台上观看孩子们比赛

运动员，学业成绩也不会太差，因为他们更希望这些体育佼佼者们不仅能够在体育方面有所建树，在其他方面也能够有所斩获。比如在 2012 年 NBA 赛场上突然成名的华裔球星林书豪，就曾是哈佛大学经济学专业的高才生，他当年入学前的学习成绩很优秀。我的朋友安吉勇在《林书豪：梦想的力量》一书中，对其成功原因进行了全面科学的解读。人们不难解释，为什么美国许多商业、教育、政治领域的杰出人才，有不少曾是美国常春藤联盟高校的运动代表队成员。

初中生的体育课虽然也有考试，但这种考试没有优劣之分。比如考跑步，只要努力跑下来就行，而且当你难以坚持时，老师和同学都会鼓励你，直到你跑过终点。跑到终点即是成功。

要成熟不要可爱的初中女孩

美国学校有统一的简朴校服，而且校服一般比较便宜，家长和学生可到百货商场购买。学校要求，校服的上衣一般是翻领有三粒纽扣的 T 恤或衬衫；下装一般是牛仔裤和裙子，颜色一般是浅色、黑色或藏青色；鞋子是运动鞋，女孩可穿黑色平跟皮鞋。

尽管有统一的着装要求，但美国人尊重个性和自由，学生的着装是否合适，取决于校方管理人员的判断。即使是穿校服的初中学生，也可以在一定范围之内任意展示自己的独特形象。美国的哈佛等名校往往很难见到有时间和精力化妆扮酷的女生，反而在初中校园里，倒时常可见穿着随意、性感的女孩。中国的初中学生几乎没有化妆的，好像大家都默认化妆的小孩就一定不能专心学业，但大多数美国女孩子一般在13岁就开始化妆了。曾有不少人戏言：美国女人那么早就衰老，而且年龄还保密，皮肤那么差，跟化妆有关吧。

在我国，初高中老师普遍反对学生化妆、扎耳洞、染头发、穿奇装异服等，美国的老师却根本不在意，即使对耳环佩戴有要求的老师也只说："上课的时候只能戴一对耳环，并且只有耳朵上可以戴。"因为会有些学生喜欢在鼻子上、嘴唇上等扎洞戴饰品。

在美国，常会看到学生把头发染上三四种不同的颜色，烫不同的头型，父母和老师一般不会多加干涉。很多女孩都有自己的烫发和拉直的工具，甚至有些还是父母送的圣诞节礼物或生日礼物。把指甲涂成赤、橙、黄、绿、青、蓝、紫或者全部涂成了黑色，在美国的初中校园里是见怪不怪的事情。

每天上课前、午饭后和课间的闲暇时间，洗手间里都挤满了化妆梳头的女生，她们各自备有镜子、梳子和口红，甚至还有发胶等化妆工具。洗手间的大镜子上也时常有她们吻出的唇印和用口红写的"I love you"的字样。虽然学校清洁工随时会将这些印迹擦掉，但镜子上总也少不了。

初中女生穿高跟鞋、超短裙，参加舞会、化妆等等，希望表现出性感成熟，而非清纯可爱，是美国女孩子与亚洲女孩子显著的区别，也是她们认为的"美"。在老师面前接吻是初高中学生很常见的，而且学校也有很多支持情侣的舞会，比如 homecoming，winter ball，prom 这三类学校大型舞会都支持情侣舞伴。美国女孩热衷于努力出去晒太阳，把自己的皮肤晒得黝黑黝黑的，并宣称"黑就是美"，审美观念是"长雀斑是健康美人"；她们也普遍比较喜欢运动，学校社团到处都有女生的身影。美国学校的学生都可以拥抱或亲吻，老师和家长没有权利阻止，这也是美国式的自由。

虽然美国的学校和家长并没有公开干涉初中生行为做派的"标新立异"和展示个性，但是"大多数美国人不愿和初中生面对面打交道"。任教于威斯康辛州麦迪逊市一所初中的一位女教师说："人们非常警惕初中生成群结队在购物中心转来转去，他们对这个年龄段的人心存疑惧，因为她们正在经历着人生的重大转变。"事实上，也确实偶有初中生偷窃超市化妆品和化妆工具的事情发生。这些 13 岁左右的女孩幻想越过青春期所有的尴尬，一下子从小女孩变成性感女人，她们的想法也引起颇多非议。

青少年赚钱有道

美国孩子从 12 岁到法定工作年龄之前，会在课余时间干些零活（odd jobs）。尽管美国对中学生打工褒贬不一，但每年约有三百多万的中学生课余打工赚取零用钱。几乎所有中学生每周都用部分时间去干活挣钱，打工者的人数几乎占全美中学生的半数以上。中学生打工是受美国法律保护的，劳工法里专门有一章，规定 14 岁少年打工的最低工资标准及相关福利，以保护孩子们的权利。良好的政策环境，保证了美国青少年顺利地工作。每年 5 月，美国各地就开始举办"少年工作交易会"，许多需要暑期打工少年的单位都拟订了计划，并与学生们订立打工合同。像麦当劳、肯德基这样的连锁快餐店是中学生们打工最集中的地方，几乎全是中学生在收款、端盘子、洗碗。年龄大一些的学生，有的在商店当售货员或者在超级市场当收银员，有的在饭店当雇员；十四五岁的小中学生，或者更小一些的孩子，卖报、送报纸是比较受欢迎的差使。

由于想打工的中学生如此之多，学校也往往设有一些就业顾问。需要学生工作的工商业机构或个人会先通知就业顾问，由就业顾问把空缺职位信息告诉学生，此外，就业顾问也常常为需要打工的学生主动联系工作。美国还有专门的 YEOP（青少年职业培训中心）来帮助中学生找工作，还提供短期的职业培训。

在美国打工，无论多简单的操作，都得经过专门职业培训，持证上岗。中学生打工也是如此，而且也要报税。

小皮特是初中高年级的学生，也是美国三百多万中学生的一个代表。无论是晴天还是雨天，清晨五点半，他准时起床，睡眼惺忪地穿好衣服，去附近的一个兽医站干活。他每周工作三四个早晨，帮忙打扫诊疗室、刷洗手术室、喂牲畜、遛狗。他干完活后，再回家吃早点，然后徒步十几分钟上学。有时他放学后还要回到兽医站帮助做动物手术前的准备工作，喂其他的牲畜，或再遛一次狗。

很多中学女生去别人家做临时保姆赚钱，但干这份活一定要考 CRR（急救呼吸执照），以防小孩万一吃到什么噎着了，能及时施行紧急抢救。这门课的培训大约要 20 个小时，一般家长不会雇佣没有这种执照的人。许多家庭喜欢雇中学生看孩子，因为中学生的工资比成人便宜一半，也有的家长是为了给自己的孩子找个陪着他一起玩的小伙伴。做这项工作的一般是女孩，但现在也有的家长喜欢雇男中学生来看自己的男孩，以便于让孩子从小就养成男性的性格。

在停车场帮人洗车、停车，在公园、娱乐场所扮演小丑，在节假日给人们打气球，都是中学生热衷的工作，有的中学生还专门给小狗洗澡，甚至自己注册一个宠物洗澡店，在网络上设立专门的网站，详尽介绍自己的业务，甚至雇佣其他的同学来帮忙。

中产阶级家庭孩子最主要的赚钱之道是向父母要一份工作。孩子干家务活，家长是要付钱的。打扫院子、室内卫生、倒垃圾、洗车、修剪草坪等劳动都明码标价，而且明确规定工作完成的时间和质量标准。

美国中学生必须参加一定的社会实践或者社区服务才能够毕业，大多数中学生都有兼职工作，甚至很小的孩子也靠给家庭做家务挣零花钱。中学生普遍都会参加社区实践活动，大学名校的招生人员几乎可以在每张申请表上看到申请者曾参加社区服务的经历，而且也很看重学生服务社区的原因以及承担责任的大小。他们认为小小年纪就能承担家庭责任的申请者，入学之后，更有可能在各个方面表现出自己的能力，更有可能成为优秀的学生。

阅读习惯，从小培养

如果用简短的几个词概括美国教育的主要内容，应该是兴趣、体育和阅读。

中国学生家里最多的一定是从书店买来的科目参考书，美国学生却拥有整个图书馆。文学、科技、历史、心理等等，在美国

从小培养孩子的阅读习惯

没有所谓"课外书"概念，只要你认为一本书或者一些书有价值，你就可以看，当然，读完后要写阅读报告。

每个中学的图书馆都存有种类繁多的书籍，每本书都有阅读等级，图书管理员会根据学生年级的不同，推荐不同等级的书目，学生也可以根据自己的爱好选择。在读完一本书后，可以到学校图书馆的电脑上接受一个在线测验，测验很简单，只要读过书就很容易作答。答完后电脑会给出一个分值，这个分值与读书的难度等级，以及答题的准确率有关。

美国学生相当重视自己的阅读分数，如果分数太低，毕业是有困难的，而且这个分数会在学生的成绩单上有所显示。学校也会在期末评出阅读分数好的学生并给予奖励，如果每次的阅读分数总能远远高于学校的要求，就能得到阅读金卡，金卡有各种优惠，比如持金卡去麦当劳吃快餐可以打折。

美国的每个家庭和孩子，都离不开图书馆。暑期是图书馆最繁忙的时候。每年暑期之前，各图书馆就会出台暑期活动的计划，并将刊印成册，向社区及学校免费发放。家长们都会收到附近多家图书馆的图册，然后同孩子们一起研究商量，选择参加哪几个图书馆的什么样的活动。每个图书馆每天会举办两次以上活动，而且各家参加图书馆的活动也不尽相同，所以，留给家长和孩子的选择空间相当大。

这类图书馆的活动面向的人群年龄段从 18 个月的幼儿至 12 年级的学生，大部分活动都是与阅读有关的。除此之外，图书馆还有培养学生各种兴趣的丰富多彩的活动，比如科学实验、魔术、戏剧、舞蹈、表演等培训班。

社区图书馆也会像学校图书馆，标出阅读难度和等级，有的还以宣传广告的方式向读者推荐某些作品，以便于读者有效地选出自己最想读的作品。

公立图书馆的活动都是免费的，而且非常有趣味性，家长和学生都非常喜欢。如果你参加暑期阅读活动，每天坚持阅读，并完成一定的阅读任务，还可获得图书馆颁发的奖品。暑期阅读活动结束时，图书馆会开办 party（派对），邀请所有参与者，并颁发奖品。

不可小觑的中学生作业

美国中学生通常在下午 3 点就放学了，家庭作业并不多，不过，老师布置的作业又都不是简单地给出答案就可以完成的。中学生放学后通常有半小时左右的作业时间。除此之外，老师会要求学生定期写读书报告（report），可以是传记（biography）、小说（fiction）、历史事件（historic events）、家族史（family history）等等。

中国中学生在面对很多奇怪题目的时候，往往开始抱怨题目"超纲了"，但如果同样的事情发生在美国学生身上，他们会雄心壮志地开始挑战"题目"，经过反复查证之后给出自己的答案。

我国中学生的作业往往是与课堂内容紧密相关的练习题，孩子们花费大量的时间与精力模仿、敬畏前人，而不是思考、质疑前人，因而难以积蓄起超越前人的信心和力量。在我国，论文写作通常要到大学之后，但美国的中学生作业就已经有意识地培养学生的学习和研究精神。很多题目都要求学生有较高水平的思考和表达，引导学生学会怎样在陌生领域思考和寻找解决问题的方法，题目没有标准答案，不需要死记硬背，也不需要担心所谓的"对"与"错"，只要能够展现学生独特的生命个性和充满生机的创造活力即可。

美国教育鼓励学生充满挑战精神。比如说，一位中国家长表示，他的孩子刚进入中学上历史课的时候，就被布置这样的作业："你认为托马斯·杰斐逊起草的《独立宣言》有什么局限？你认为该如何完善？"为了完成这个问题，首先就要好好阅读研究杰斐逊及该《宣言》，还要搜集各种专家学派对《宣言》和作者的评价，最后还要分析说明自己的观点。这个过程下来，不亚于完成一篇学期论文的工作量。而且还告诉孩子不要轻易相信"权威"，但也不能忽视"一家之言"的价值。相比起来，这样的作业比单纯背诵一个历史问题起因、内容和意义要让学生印象深刻得多。

美国中学教育不仅刻意培养学生对历史大事件的看法和思考，而且还可能会有学生可能从来没有想过的问题，比如，写出从高祖父母至当前的全部男女亲属的姓名和生卒年份家谱。这份作业看起来简单，其实意味深长，它旨在培养学生的"寻根"意识，不忘祖，不忘自己从"从哪里来"。作业完成了，家族荣誉感往往也会油然而生。

初中生甚至可以申请参加大学的研究课题，这在我国几乎是不可想象的事。比如，暑期德克萨斯州大学医学院为期四周的生命科学课题活动，其中的一个小组就是由十来个初中生组成的。他们每天都要在实验室做实验，并记好笔记。四个星期下来，从实验室基本操作规范、实验常识，到如何提取 DNA、病毒的种类和危害，以及如何解剖小动物、提取制作动物标本等，初中生们都已经娴熟于心。更为重要和有价值的是，这样的活动激发了孩子们对科学研究、科学实验方面的兴趣。活动结束时，还会有隆重的颁奖仪式，家长也受邀参加。课题组会陈列学生们的课题研究成果，课题负责人还会亲自演示，让家长们看到自己孩子的努力和成果。

这样的活动带来的求知欲和满足感是任何单纯的课堂教育都不能比拟的。当然，中国教育界近期也在做此类尝试，希望扩展中学生的知识结构，虽然也有成功案例，但是比起美国学生参与这种项目的机会，我国的成功案例还不具有普遍性。

性知识教育课

谈"性"色变，一直是中国千百年的传统，这也造成了中国青少年性教育的缺失，"性"成为神秘感、罪恶感和污浊感的混合体。这也造成了严重的后果，很多少年儿童由于对性知识的无知，导致自己受到严重的伤害。其实，与其让学生在性启蒙阶段自己获取不完全的知识，不如开诚布公地教育。西方国家将儿童和青少年的性教育看的很重要，而且列入中小学教育的一部分。

研究认为，3 岁至 6 岁的孩子就已经开始对性产生兴趣，而最常见的问题是：我从哪来的？如果孩子向父母提出这个问题，很多父母感觉难以回答，但这不是遮遮掩掩就能解决的。根据盖洛普的民调，当孩子问起男女之间的区别时，美国 67% 的父母会直接用介绍男女生殖器官的医学名词来描述男女的身体部位，这也有利于孩子能以较好的心态使用这些名词，而不是将其当做骂人的话来看。

美国学校有完整的健康和安全课程，以及循序渐进的性教育课程，帮助孩子们理解性和爱，健康完整地成长。性知识教育（也可称做是生殖系统生理）从学前班开始，一直持续到 12 年级。从学前班到二年级，教师会告诉孩子们人类生殖系统的最基本概念、人类如何繁殖、婴儿在子宫内生长的情况；三年级，学生需要了解卵巢产生卵子、睾丸产生精子这些生理现象；到了四年级，教师要向学生讲授青春期发育变化的知识；五年级到六年级，对学生的性知识教育进入逐步深化的阶段，让学生们了解青春期少年在身体上、情绪上、智力上的变化，能具体地分辨和描述男女生殖系统基本结构和功能；七年级，学生要掌握荷尔蒙对人类繁殖的影响、授精的条件等；八年级，教育学生了解如何维持健康的生殖系统，掌握生殖系统癌症和其他疾病的早期症状。9 到 12 年级，学生要了解生殖系统正常或异常的特征，常规身体检查（如乳房透视、前列腺检查等）的重要性。

前文讲过，学校的性知识教育从小学开始就涉及到人类的性行为，通过学习，还让孩子们知道了生命的可贵和男女友谊的重要，分清正常的男女关系和性关系的区别，并且要孩子们明白性行为是大人的事，孩子是不应该有的。到了初中以后，学校会开设性知识教育公开课，并重点普及法律知识，以及绝育、避孕、预防性病等方面的知识。

小学生的生理健康课，家长还有权利拒绝自家孩子上课，到了中学，性知识教育规定学生必须参加，不允许孩子参加的家长还要开具证明，表明如果将来孩子发生堕胎、感染艾滋病等情况，不能怪学校教育不力。学校的性教育课不仅是给学生传授健康正确的性知识，而且给学生机会讨论自己的观念和态度，并建立正确的人际关系和社会交往。性教育不只是性知识的普及，更是人格和人性的教育。

学校不会干涉学生的恋爱自由。性教育课上，教师会引导学生正确健康地对待"性"，更重要的是引导孩子明白"爱"是两性间最神圣的感情，是"性"的灵魂，"性"以"爱"为前提，每个人都要为自己的性行为负责。关于"避孕"，老师的讲题甚至涉及：已考虑性行为的青少年，应该将避孕措施告诉父母或其他成年人，避孕的方法要咨询专业保健人员等。

美国教师认为恋爱是每个人的隐私，即使是老师也没有权利过问或管束，更不认为恋爱会影响孩子的学习。他们的观点是：恋爱可以让人变得更聪明、优秀，家长的责任只是告诉热恋中的孩子如何避孕。

课外生活做什么？

近年来，我国许多孩子陷于网络、孤独、抑郁、压力大、动手能力差等问题中，这些问题困扰着家长和教育工作者们。我们在责备孩子不懂事的同时，更应该考虑的是乏味单一的课余生活和繁重的学习压力也是造成目前这种困境的重要原因。学校、社会和家长应该做些什么，将孩子从电脑和网络前拉到丰富多彩的现实生活中，是真正需要关注的问题。

美国的初中生早上 8 点 15 分上课，下午 3 点半放学，每天回家后，有充足的时间参加课外活动，看小说、弹钢琴等。美国孩子的课外生活十分丰富，学校会开办各种兴趣小组，鼓励学生参与，如编写学校当年的大事记、象棋俱乐部、表演、绘画、刺绣、武术等。在这些课余活动中，孩子可以充分地投入，玩游戏或者做一些简单的科学实验。由美国政府投资或者社会捐款支持下的很多图书馆、博物馆、儿童活动中心都向少年儿童免费开放，有那么多比网络更好玩的地方，孩子们又怎么会沉迷于网络不能自拔呢？

美国中学生的周末生活更是丰富多彩。他们通常在周末晚上一起开 party，去他们自己认为比较酷的餐馆或电影院闲逛等等，他们喜欢一起在某个朋友家留宿。大部分美国学生周末会去教堂，跟教堂的青少年团体成员去参加社会慈善活动，然后回家完成作业，跟家人聚会等等。

因为美国规定 16 岁才能拿到驾照，所以初中学生一般不能开车，交通常常要依赖父母。而美国的法律也规定，孩子 14 岁之前必须要由父母同住相伴，否则政府会将孩子交给志愿者家庭代养，孩子的父母则有被罚款、甚至坐牢的可能。因而，美国的父母不仅抚养和教育孩子，而且对孩子管得也比较严格，大多会限定他们周末回家的时间。

美国政府还推广"4-H 教育"，"4-H"分别代表"头、心、手、健康"（Head，Heart，Hand，Health），最基本的实践模式是"做中学"，由联邦政府、赠地学院、中小学和 4-H 俱乐部共同实施，专题活动、夏令营为主要形式，包含了一千多种活动。教育项目主要集中于科技、健康、公民意识培养三个领域。教育宗旨是："让我的大脑有更清晰的思路，心怀更大的忠诚，手做出更大的贡献，身体健康地生存——为了我的组织、我的社区、我的祖国和我的世界。"

社区活动是最有美国特色的初中生课余活动。几乎所有的中学生都要到社会上的各种义工组织参加服务，像医院、图书馆、童子军、红十字会以及许多公司都积极组织和提供各种义工机会。前面提过，美国 12 岁以上的青少年 60% 以上参加过义务服务活动，义工性质的社区活动包括：参观银行、警局，学做面包，到医院、福利院、红十字会去照顾病人和看望老人、小孩，到公园清理垃圾等。在活动中，孩子们既接触到了社会、奉献了爱心，同时也交到了

小男孩自制冰激凌

许多朋友。学生们在做义工时，都会得到这些部门工作人员的签字，作为凭证。

做义工是学生从小接触社会、服务社会的好方法，美国社会上下形成一种共识，做义工可以培养学生对社会的责任感，这也是美国学生提高综合竞争力和未来发展潜力的重要途径。

爱干家务活

家务劳动并不仅仅是帮助父母减轻负担或者被迫去做的事情。哈佛大学曾经做过一个历时 40 年的研究，得出结论：童年时参加过劳动，即使是承担最简单的家务劳动的人，都比小时候没有做过家务劳动的人更快乐。童年时参加劳动比较多的人，在交友上更自如，薪酬更高，失业的可能性更小，犯罪的可能性也更低。

事实证明，从小培养孩子热爱劳动的习惯，对孩子以后人格的养成大有好处。而据有关机构调查，各国小学生每天从事家务劳动的时间，美国是 1.2 小时，韩国是 0.7 小时，英国是 0.6 小时，法国是 0.5 小时，日本是 0.4 小时，中国只有 0.2 小时。

有的中国家长认为孩子小干不了，担心他们伤到自己、弄脏了衣服而不让孩子插手，或者觉得干家务会影响孩子学习成绩。这不仅使孩子没有做家务的积极性，还容易使孩子认为家务活与己无关，甚至认为做家务是一种不利于成长的"负担"。久而久之，孩子就会变懒。等到孩子长大之后，他们认为值得关注的事情越来越多，对家务事就更不感兴趣了。美国的家长认为，孩子不论年龄大小，都是家庭的重要成员，所以应该告诉孩子们需要在家庭中负起的责任，而承担家务是让他们明白自己责任的最好方式。

从孩子不到一岁开始，就训练他们有意识地做家务，比如，让12-24个月的宝宝承担把脏尿布扔到垃圾箱等这种简单易行的家务；4-5岁的孩子独立到信箱取信、自己铺床、帮助家长收拾餐桌、叠衣服等；7-12岁，就要会做简单的饭菜、收拾房间、帮忙洗车、清理洗手间、扫雪等；13岁以上，要会换灯泡、换吸尘器里的垃圾袋、清理冰箱和烤箱、做饭、修理草坪等。

美国家长一般认为，孩子们刚学习做家务时，要和他们一起做，不要指派他们单独做什么，让他们享受做的过程中分工合作的快乐，同时教给孩子应该注意的地方。比如擦地板，父亲、母亲、孩子各负责一个房间，然后比一比谁擦得干净。还可以把所有家务都从头到尾合作一遍，然后问孩子最喜欢做哪一项，最不喜欢做哪一项？为什么？对孩子做得好的地方，家长们要不吝赞美之词，做得不好的地方也不掩盖，鼓励孩子从小养成责任和义务的理念，即使缺乏兴趣也能圆满完成的资质。这样，做家务就成了迎接人生挑战的预科。

有的孩子不愿倒垃圾，母亲就会开家庭会议，问谁愿倒垃圾。如果没人愿意，那就只好轮流做。这也让孩子们知道：无论在学校、家庭，还是在生活中，每个人都会面临推诿不掉的义务和责任。

那么，怎样让孩子们热爱做家务呢？来看看美国家长是如何做的：他们注意培养孩子做家务的自豪感，父母认为劳动是值得自豪的，并非卑贱的，能和孩子轮流干家务活，对干得好的予以表扬；教给孩子一些较复杂而有趣的劳动。例如做饭、修理家具、做书架等，事先学习这些事情有助于孩子成长为一个自尊、自信、有能力的人；干家务的过程中要给孩子以指导和监督，但也允许在细节上有一定的自由；应该尽量给他一些劳作的报酬，但不能把做家务作为惩罚孩子的一种手段，同时，还要注意不要控制孩子干家务活的时间，也不要让家务活占孩子太多的时间，结果影响孩子学习或从事其他活动。

中学课堂一瞥

与中考、高考指挥棒下生存的中国学生不同，美国的中学课堂看起来非常轻松愉快，教室的布置很温馨，也很少在课堂上看见学生打瞌睡、吵闹、走神等情况。

我国的中学课堂，教师除了传授具体知识，更多的是在讲解怎么做题、提高考试技巧。这就是为什么无论老师还是家长都在强调，"讲卷子"是最重要的课。而美国课堂，得益于他们的升学制度，除了非常专业的数学课之外，一般不会有老师将宝贵的课堂时间用在分析"这个科目的卷子为什么考出这样的分数"上面。美国中学的课堂是分享知识的地方，不会有老师宣布"翻到课本第几页背下第几段"，而是与学生共同讨论将要分享的知识。

美国中学课堂上学生的参与度高，老师的教学方式也很多样，一节 50 分钟左右的课，几乎每十几分钟就会变化一下内容。老师很少会自己滔滔不绝，而是留出大量时间给学生自己思考和表达个人意见。比如，有个初中老师教《罗密欧与朱丽叶》时，采取的是这种方式：把学生分成几个小组，每个组办一份围绕这部剧的报纸。有小组编的报纸的头版消息是两大家族的争斗、家族矛盾的由来与影响；另一个小组写的消息是年轻人开 Party 破坏社区安静（罗密欧与朱丽叶在 Party 上相见）；还有小组写的是少女写信倾诉自己爱上了年轻小伙子而父兄却不同意，其中饶有意思的是还插播了贩卖毒药、刀剑等的广告……学生们可以对这部剧进行自由发挥，不仅印象深刻，还锻炼了自己的想象力和创新能力。

每个老师都对学生投入极大的关心和热情。我曾经旁听过一堂七年级的计算机课。课堂上同时有六个教师——一个主讲，其余老师作为教辅，只要有学生举手，老师都会及时过去帮学生解决问题。还有一位老师在一个不太会说英语的孩子旁边一边看，一边在一张表格上做记录，以便对其进行专门性的指导。老师和同学会把"打扰一下"、"请原谅"和"谢谢"随时挂在嘴边。如果学生完成了老师指导他 / 她做的活动，老师会说"谢谢你"或者非常高兴地赞扬"做得对！真聪明！"。

在课堂上，老师往往是作为一个引导者来引领学生学习。课后老师往往会留给学生一个阅读书单，需要学生去图书馆中查阅这些书目。这些书目通常不只一本两本，而是十几本甚至几十本，要把它们全部读完，可能需要十几天，甚至一个月的时间。怎么办呢？老师会在开学的时候，指导学生集中注意力去寻找解决问题的答案，才能做到学而有得。教学生明确自己需要做的事情，就是查找出书中自己需要的那一部分知识，可能只有几页或者几行字。

与轻松、愉悦的课堂相比，教育管理制度相当严格。每节课对旷课的老师或学生，学校都会通过网络报给校长，缺课和违纪的学生也会被告知家长，并共同讨论如何改进，如果没有及时交作业也需要学生亲自向导师陈述原因。学校会根据相应条款对违规学生进行处罚（如学生带毒品进校要开除等）。学生违犯了什么样的校规和校纪，就要受到相对应的处罚。因而，学生们很早就形成了自觉遵纪守规的习惯。

嘘，考试成绩要保密

无论是中国还是美国，在校成绩都是评价一个学生很重要的指标，只是两者对成绩的处理方式和看待方式不同。

在中国读书的孩子都有这样的经历：考试虽然难过，但更让人揪心是公布成绩。中国老师或者是按照学生的学号顺序，将成绩附在姓名后面，或者按照分数的从高到低来排列，更有甚者是将学生的成绩写在纸上贴在教室的墙上。老师用这种方法旨在鼓励成绩好的学生继续加油努力，也激发成绩差生的学习的动力。

在美国，中学生也一样有很多的考试，章节考、阶段考、学期考、升学考试等等，但和中国中学生不同的是，他们的考试成绩是学生的隐私，老师是没有权利随便泄露学生隐私的。美国学生的考试成绩，只有自己与老师知道。老师在发放试卷时会把有成绩的一面反放到学生的桌上。当家长询问时，老师会很热心地告诉他们自己孩子的成绩，但绝不会透露排名和其他孩子的成绩，因为家长没有权利打探别人的隐私。而且每个美国的家长都认为自己的孩子是最聪明的，一般也不会问排名的问题，美国的班级不重视为学生排名次的工作。

虽然学校对学生的成绩保密，但对于成绩好的学校也会有相应的奖励政策。比如，如果你得了"全A学生奖"奖状，老师当众夸赞，可能学校还会请你吃冰淇淋，并会发一个附近一些商店的优惠卡。凭着这张卡去买东西，商店会打折扣或是免费赠送小礼品。如果学习成绩很好，本地政府的行政长官或教育长官可能还会发给优秀学生一个奖状，那上面有他的亲笔签名，还会奖励家长一张贴纸，写着"你的孩子学习成绩非常好"、"你有一个值得骄傲的孩子"之类的话。父母可以将其贴在家用汽车后面，让路人都知道自己家有一个好学生。有的学校还会发"一星期中的勇士"奖，获奖同学会获得一张奖状，并让获奖的同学在一起合影，将照片挂在校门前，让所有人都知道谁得了这项荣誉。

从初中开始，每次作业和考试成绩都会记录在案，不论是大考还是小考，都将作为将来大学录取的重要依据，因此美国学生对自己的作业和考试成绩非常重视。如果认为自己哪次考试考砸了，或者对成绩存在疑问，可以找到老师理论，找出说服老师的理由来重新考试。如果合情合理，老师会同意另定时间由助教监考，重考一次。因为任何一次考试，都有可能对学生以后申请名牌大学产生重要影响。到毕业典礼时，校长直接宣布的全年级第一名和第二名会被邀请到主席台上加冕，类似于终身荣誉，这也是进入名牌大学的重要筹码。

当然，全 A 生可不是容易当的。因为对美国教育来说，不存在标准教科书这种东西，试卷与其说是找到正确答案，更应该说是在说服老师。得到 A 代表着在这个科目中，已经完全掌握目前应该掌握的知识，这需要大量阅读相关领域的书籍和发散思考。所以，虽然中国普遍认为 A 应该换算成百分制中的 90 分或者 85 分以上，但是在美国，老师给出的 A 可以说是凤毛麟角。

尊重、保护学生和家长的隐私为学生创造了宽松、有安全感和归属感的学习环境，不过多承受不合理的竞争压力，为学生的成长打下了坚实的基础。

进步的标准是什么

每次考试结束，我国的几乎所有学校会按年级或者班级，把学生们的成绩由高而低排队。得高分的，大红火、小红光，还有家长会上的公开表扬。现在讲究"素质教育"，不再给成绩低的学生排队上榜，但"榜上无名"本身就已经让孩子很难受了。

学校会为什么要奖励分数高的学生？其中一个主要目的是：激励学生们不断地进步。

问题：进步的标准是什么？如果衡量进步？

国内：是否进步，取决于同时期其他同学的成绩

A同学上高中了，入学时是全校第一名，远远超过第二名的成绩。由于天资聪明、前几年基础打得好，他几乎从不认真听课，也很少做作业，在期末时考了全校第十名。由于学校表彰前十名，他被表扬了。B同学入学时全校倒数第一，初中在乡下读，基础差，而家庭生活又不好，放了学一边帮家长卖菜守摊，一边写作业，期末时成为全校倒数第100，未进入前列，尽管他进步很大，但恐怕很难受到表扬。

在中国的教育体制下，B同学只是一个成绩中下等的孩子，但在美国的教育观念里，这是一个不可多得的好孩子，因为他能够安排自己的时间，把学校、家庭平衡好，还能不断进步。其实，中国教育界早就认识到这种评判体系的缺陷，只是，除了极个别的情况外，教学实践中很难做出改变。

美国：是否进步，取决于自己的付出，要挑战的是自己

美国教育同样注重成绩，只是这种"注重"更加科学和实际。

2010年，我在美国阿肯色大学参加一个毕业典礼。这是一个语言学习班的结业式，许多同学受到表扬。哪些人会被表扬呢？是在结课考试中取得高分的学生吗？不是。

因为大家基础不一样，成绩当然不一样。这里的所有学生在入学时要参加一次托福考试，根据成绩，分别进入1级、2级、3级、4级、5级班。1级班是没有任何基础的，要从A、B、C开始学的，2级班是掌握了一点儿基础的，而5级是能听说读写，稍做准备就可以直接进入各大学、研究生院学习的留学生。

学期结束前，再考一次托福。每个学生两次成绩相减，分数进步最大的学生，就是要被表扬的学生。来自俄罗斯的弗吉米尔在此次考试中，分数最高，但没有领到奖牌，因为他的成绩和入学时差别不大。获"优秀学生"奖的学生是谁呢？既不是平时最守时的学生，也不是以最短的时间上完培训班的学生，而是一位来自中东的蒙着头巾的女生。她得以代表学生发言，最主要的原因是：她入学时刚刚结婚，现在她的小孩都6岁了，第三个孩子都2岁了——她创造了这个培训学校"在校时间"最长的纪录。原来，六年前，她丈夫在这所大学读博士，她来陪读，顺便学语言。结果婚后不久有了孩子，就边带小孩边读书，时断时续地上课，如此一来，别人一年的课程，她读了六七年。

所以，结业典礼上，听她用流利的英语谈自己的心得感受，台下所有师生都感动得热泪盈眶。尤其是看到她带来的三个小孩，穿得漂漂亮亮地坐在台下，小脸庄重严肃，仿佛出席盛大的活动。整个礼堂都被掌声淹没了。

学校为什么要让她做发言？因为她更能体现这样一种精神：长期不懈的坚韧态度、面对困难的乐观心态、对家人孩子的责任心。也许，学校是希望这种精神能够得以宏扬。

所有受奖者的奖品，是一块很简单的小塑料圆牌，可以挂在脖子上。小圆牌的背面写着"MADE IN CHINA"，国内路边的小复印店就会做，5毛钱一枚。但学生们获得的鼓励和喜悦，跟得了5毛钱可非常不一样。这些来自世界各地的大学生们，脖子上挂着小圆牌，兴奋得吃晚饭时还戴着，舍不得摘下。

part 5

高中可以很精彩

小石城高中的展厅（局部）

教科书：自由发挥的基石

在中国，很多人认为，美国的大学教育比较好，中学甚至是小学的基础教育都是十分薄弱的，其实并不尽然。从教材上我们就可以有所发现，中国的教材普遍的问题是内容单调枯燥，叙述简单并且十分教条化，离开教师的讲授和辅导，学生是很难自学的。美国教材的内容则更丰富，叙述详细，还配有大量的照片、插图，更形象化，突出趣味性和实用性。美国的高中教学旨在发展学生的个性，学多学少可以因人而异，一般学生掌握了基本知识即可；有某一专长或志向的学生，就可以通过自学往更深发展。并且美国并不像中国一样，有所谓统一教材，美国的学校和任课老师可以共同决定教材的选择。

以一本典型的美国高中教科书《物理学：原理和问题》为例，该书每章中安排因材施教栏目（meeting individual needs），为不同程度的学生布置不同的任务。既有向资质较优的（gifted）学生提出的较高要求，也有供学习有困难的各类学生（learning disabled， learning impaired，visually impaired）完成的要求较低的学习任务。比如课后习题，很多都是分为三个级别：第一级考查学生对基本概念和基本规律的理解，占总题量的 50% 左右；第二级是对所学知识的应用的考察，中等难度，占总题量的 35%；第三级属于难度较大的题目，适合少部分学有余力的学生。这样既能让学生个体学习均衡发展，也满足了学生群体的均衡需求。

内容的丰富性可从美国的高中语文教材中略见一斑，高中语文教材都相当厚重，800 至 900 多页一册，全是彩印，差不多每页都有插图，此外，还配有学生练习册、教师参考书、光盘等配套用书。在语文训练方面，美国高中语文教材的编写，既注意到学科内的听说读写的整合，也同时照顾到多学科、多领域之间的各种能力的综合应用。课文在选取上，注意向学科外拓展。比如关于"二战"的文章，就写到了日本军国主义入侵中国、欧洲法西斯统治下犹太人的命运、珍珠港事变，构成了完整的形象生动的历史。课本中既有常规的写作训练，还有电脑写作的指导训练，如网页、课件的制作。美国的高中语文教材中，除了选取英美文学作品以外，还往往选取英语圈外的文学名著，甚至有中国、日本等亚洲国家的文学作品，比如课文中有印第安人的神话和史诗、川端康成的小说、舒婷的诗歌等。

美国的高中教材不仅涉及的范围广，而且在深度上也绝不含糊。如美国一本九年级的《世界历史》教科书有专门介绍孔子的文章。文章中写道，"孔子早年就献身于教育和公共事业。他认为有知识的人为政府服务，才能把自己的理想转化为实际的行动。

作为一名教育家，孔子在传播知识时，主张'有教无类'，即贫者和富者在他眼里都应该有平等的接受教育的机会。他的学生有数千人，他为成千上万的追随者指明了生活的方向。但作为一个公务员，他的遭遇却很不幸。他的管理理念往往与腐败官员们的实践形成冲突，他的'君子喻于义，小人喻于利'的价值观也受到很多人的排斥，因此他不得不周游列国，期望能找到自己发挥的舞台。"不仅如此，文章中还从孔子的孝道思想、政治理念、教育理念以及对周边其他亚洲国家的影响等种种方面对孔子进行了详尽具体的介绍。作为一本美国教科书，对远在地球另一端的中国思想家和教育家有如此的关注，让人印象深刻。

对美国教育体系而言，高中是精英教育的分水岭，这也就是为什么教科书开始复杂，程度开始分级。进入美国高中（一般是九年级），意味着要挥别小学和初中的"无忧无虑"，开始挑战自己、开发自身潜能。所以无论是学生还是老师，都知道现在是开始努力的时候了。

课程设置：培养个性的土壤

美国高中分九、十、十一、十二共四个年级，不像中国的高中那样，所有学生只是按文理科分开，学习的课程都是一样的。美国高中实行选课制，在必修课之外，还有各种各样的选修课供学生自由挑选。

　　当然，这种选课不是盲目的，美国高中设有专门的教育专家，为每个孩子提供咨询服务，帮助他们选课。比如，如果你有强烈的愿望当医生，你可以选择英语、数学、生物、医学、科学等等科目；如果你没有明确的目标，可以依照目前的兴趣选择一些课程；如果没有明确的喜好，可以做一些心理测试和职业测试，寻找方向。总之，美国的高中，就算是规模最大的学校，也都有能力进行一对一的咨询服务，努力避免学生"选错路"的事情发生。

　　在课程设置上，基础必修课程有英语、自然科学、社会科学、数学。这些课程虽名为必修课，但实际上每一门必修学科下，还细分不同层次，有不同的难度等级，学生仍可根据自己的基础和学习能力自主选修。如英语课程有文学、写作、语法、阅读、新闻、戏剧、辩论等；社会课程有美国政府、美国历史、世界历史、文化、经济、时事、社会学、心理学等；科学课程有物理、化学、生物、天文、地球科学、医学等。每个科目规定不同等级的学分，学生可在基础水平、一般水平、先进水平和高级水平四个档次间，选择适合自己水平的必修课。当学生对某一学科感兴趣时，甚至可以超越高级水平，学校会给他安排老师专门指导，甚至有的高中学生某一课程的学习可以研习到研究生水平。

　　选修课的范围则更广，文学、艺术、科学，甚至现代社会实用知识和技能，几乎无所不包。课程涉及电讯、交通、工业、农业、广播新闻、建筑、水利、制造、商业、时装、食品、林业、环境、经济、文秘、法律、外语、家政、航运、维修、机器人等领域，包含了学生感兴趣或有择业需要的各种课程。

　　甚至有一些学校还会开设驾驶课程，让学生既得到学分，又能学到实用的知识，还省下上驾驶培训班的大笔费用。不仅如此，在美国很多州，"医疗健康"课程甚至也被划为必修课。此课讲述基本的解剖、营养学、急救知识，基础性知识等等，介绍毒品和烟酒的危害。无论必修课还是选修课，美国都没有统一的教材，而是由各个学校和老师自行选定，被选定的教材往往配有大量照片和插图，可读性非常强。

　　和中国高中课程与大学课程严格区分、壁垒森严不同的是，在美国，高中生如果学有余力，还可以选修大学先修课程，也就是人们常说的 AP 或 IB 课程，指的是可在高中修读大学 1 年级的课程。AP 考试是由大学理事会主办的全国统一考试，在全美 2 万多所高中有 60% 提供 AP 课程，22 个国家的 3000 多所大学承认 AP 课程，其中包括哈佛、耶鲁等名校。IB 课程全称为国际证书预科课程，是由国际文凭组织为高中生设计的一组为期两年的课程，有大约 30% 的高中提供 IB 课程，同时也开设 AP 课。而学生在入读部分大学时可以将通过考试的 AP 课程或 IB 课程抵大学学分，免修相关大学课程，节省下时间可以多学一些其他课程。

　　下面是鲁鸣在《一张美国高中课程表》中列出的典型的 AP 课程表（括号里是学分）：

　　英语：9 年级英语（1），9 年级荣誉英语（1）；10 年级英语（1），10 年级荣誉英语（1）；11 年级英语（1），11 年级荣誉英语（1）。英语 AP：文学结构（1），语言结构（1），

12 年级英语（0.5），新闻（1 或 0.5），写作（0.5），诗（0.5），大众媒体（0.5），美国体育（0.5），外国文学（0.5）。

数学：代数 1（1），代数 2（1），荣誉几何（1），荣誉代数（1），数学 A 之二（1），数学 B（1），数学 A 之三（1），数学 B 之二（1），荣誉数学 B 之二（1），前微积分（1），荣誉前微积分（1），大学微积分基础（1），微积分（1），AP 微积分（1），电脑程序之一（1），电脑程序之二（1），电脑制作（1），AP 计算机科学（1），互联网（1）。

科学：生物（1），荣誉生物（1），地球科学（1），荣誉地球科学（1），化学应用（1），化学（1），物理（1），荣誉物理（1），海洋生物（0.5），气象学（0.5），天文学（0.5），犯罪刑场学（0.5），人类基因学（0.5），科学研究 A（1），科学研究 B（1），AP 物理（1），AP 生物（1），AP 化学（1），AP 环境学（1），AP 地质学（1）。

社会研究：全球研究（1），荣誉全球研究（1），全球研究之二（1），欧洲历史（1），美国历史（1），美国历史 AP（1），经济学（0.5），经济学 AP（0.5），社会学（0.5），俄国研究（0.5），参与政府（0.5），法律（0.5），心理学（0.5），哲学（0.5），美国内战（0.5），心理学 AP（0.5），美国政府（0.5），妇女研究（0.5），当代史和政治学（0.5）。

AP 和 IB 课程可以说是高中难度最大的课程。所学的课程比普通班课程深得多、广得多，作业也多了很多，但学校和家长都不认为这是在加重学生的负担。因为他们认为：真正的负担，不是因为需要学的知识太多，而是强迫学生们学他们不感兴趣的课程。而 AP 和 IB 课程虽然难度高、作业量大，但种类很多，学生们可以选择自己感兴趣的学习和考试，有兴趣地学习也就不会感到那是沉重的负担。美国的大学对这两种课程相当重视。如果学校开设了这两种课程，你却没有参加，即使你的平时成绩再好、大学统考的 SAT 成绩优异，名牌大学对你的印象也会大打折扣。1996 年，哈佛就曾经把 165 名 SAT 满分的学生拒之门外。理由之一是，学校认为，学生如果在高中时没有尝试过最艰苦的课程，那么面对更加艰苦的大学学业，能否完成将是个很大的问题。美国的 AP 课程选择是有风险的，拿到 A 非常困难，但是如果最后拿了个 C，那还不如不选。一张漂亮的选课单会让大学对你刮目相看，除此之外，高中各科的平均成绩、课外活动、教师推荐信和学术论文等都是大学录取的重要依据。如此说来，美国的高中生需要思考、关注、执行的课程和活动实在太多，他们的生活太充实。

选课和学分制：责任和挑战的开始

在美国高中，最让人印象深刻的是"选择"两个字。在美国，不仅选修课要选，必修课也要选，因此美国高中也不像中国高中一样设有班级和班主任，而是像大学一样，设有专门的辅导员。

辅导员会根据每个学生的意愿和兴趣，帮助他们决定每年的课程安排，家长如果有问题，可以和辅导员进行沟通。

学生可以得到辅导员的专业选课指导，辅导员有时同时指导几十个甚至上百个学生的选课，只为学生提供建议，最终选择权还是在学生的手里，这对学生来说，的确是一个巨大的挑战。每个学生只有在充分了解自己的优势和劣势的前提下，才能在庞大的课程系统里理出适合自己的课程安排。

在美国，选课必须在高中开始之前完成。这是一个相当庞大的工程，高中选课对于学生将来上大学、选专业、就业等都有相当重要的影响，很多学校都会发一本厚厚的选课说明书，上面有为了将来规划所做的选课建议。无论以后打算上大学还是职业技术学校，都有很细的分类课程。有些课甚至会在不同高中上，学校往往会配备统一校车在课间接送往返。美国的高中都鼓励学生早做生涯规划，可以早一点开始发掘兴趣，涉猎该方面的知识。也是为了万一中途发现不喜欢，还来得及换。否则，没有努力的方向，家长和老师也无从帮起。也正因为如此，假如学生认真选定了适合自己的课程，高中四年学到的知识将会是非常具有专业水准的。

学校会制定出两种课程表：全校教师课程表和学生个人课程表。通常，教师的上课时间和教室是固定的。而且，如果一个教师只担任同一年级、同一水平的课程任务，那也意味着他一天所上的课内容是一样的，这就为学生提供了便利，学生可以在多种听课时间里进行选择，避免选课的时间冲突。

秉承一贯的人性化原则，美国高中的选课也不是一锤定音的。

学生选课后在开学两周之内，可以换课、退课，并且在成绩单上没有任何记录，但必须要有系主任的签名。开学后两个月内，如果学生的成绩明显不好，在考试中不及格或有通不过期末考试的可能，学生可以自己提出退课，不过这样在退课科目成绩单上就会有个记号 W（withdrawal，退课的缩写），表明选过这门课，但后来退掉了，不过不影响总平均成绩的评定。但如果课程已经上了超过两个月，学生就不可以退课了。美式教育处处注意训练学生接受挑战的能力，包括在自己不行的时候要敢于说出自己的不行。敢于放弃，勇于重新选择，也是一种能力的磨炼。

大部分的中国高中，学生每年都学习规定好的课程，参加期末考试后不管成绩好坏都可以接着升入高年级。而在美国的高中，学生每学期都有规定的学分要修。一般情况下，随年级升高，每学期学分数（即选课数）增加。学校要求学生在高中期间必须要完成规定学分。根据必修的学分，一般学生每学期至少要选 6 至 7 门课，方可进入下一年级。如果没有拿够学分，就只能回过头去重修。相反，如果提前修满学分，就可提前毕业，申请进入大学或者在校选修大学课程。

多样化的选择带来的也往往是更大的挑战。众所周知，中国学生的课业负担相当重，有的高中生每天至少要学习十几个小时。但对美国高中生来说，学习也不是那么轻松的事。

比如说洛杉矶的威尔逊高中的学生一天要上 7 门课，每门课的课本加上必读书和选读书，重约 52 公斤。以 12 年级 IB 学生来举例，他们的书包里装着 20 世纪史课本，外加两本必读书：基辛格的外交史和耶鲁大学历史系教授伯根的当代史，光这两本书加起来就有800多页了。而文学课，要求携带一本300页以上的精读小说，以及三本泛读小说。此外还有外语小说两本、心理学课本、哲学课本以及生物、物理、微积分和外语等课本。学生们每天早晨6时50分上课，下午3点下课，但是下课后还有课外活动、比赛、作业等着他们。很多美国高中生都感叹，每天睡够六个小时，那是无比地幸福；每天睡五个小时，还好；每天睡四个小时，完全正常。

所以美国的选课制度是自由而不是散漫，能让学生在保有选择自由的同时，也认真对待自己，认识自己的能力，严肃对待选课。选修与自己的学习能力和兴趣相契合的课程，从而达到了让他们从学生时代就开始学习为自己的人生负责的目的。

高中课，可以这样上？！

在美国，如前文所列举过的各种课程，学生不仅可以享受极多的内容涉及到方方面面的课程选择，美国学生的学习方式和思维方式也没有统一模式。上课的形式多种多样，课堂气氛是宽松、和谐、愉快而且充满活力的。

例如，最可能让人感到枯燥的高中统计课是这样教的：教师给学生这样一个题目，中世纪人口的死亡率统计。每个学生会得到不同颜色的小球，每种颜色代表一种死亡方式。全体同学起立，红色代表出生时夭折，拿红色球的同学坐下。黑色代表瘟疫，接着拿黑色球的同学坐下。黄色代表痢疾，然后拿黄色球的同学坐下。以此类推，最后站着几个人，就可以得出死亡率。学生不必死记硬背方法和公式，而是由教师提出有趣的课题，学生共同参与，进而从中学到知识。这样直观形象又充满趣味的学习方法，学生的积极性怎能不被调动起来呢？

与中国一样，美国也有政治课。美国的政治课上得妙趣横生。比如，老师会将学生分成几个小组，各自代表一个"国家"，每组学生要负责构建一个"新政府"。然后这一周的五节政治课就会全部用来讨论设计政府宣言、国旗、法律法规等事项。有的负责草拟法律条文，有的负责找资料，有的负责设计国旗。大家凑在一起，叽叽喳喳地讨论，热闹非常。甚至还会有老师直接参加竞选议员，身体力行地让学生了解整个竞选的流程，并让学生起草竞选方案等等，充分培养学生的参政能力。

与中国高中课堂少则四五十，多则六七十人的庞大规模相比，美国高中课堂上的人数少得可怜，一般不会超过 25 人，有的课甚至只有三四人参加。学生可以坐在座位上自由发表观点，教师的主要作用是在旁边加以引导、点评。有时候老师也会让学生讲课，过一把"老师瘾"。

每堂课教师只是提纲挈领地讲解陌生知识，或提出一些富有启发性的问题，其余的大部分时间以及课外都是学生在教师的启发和指导下，通过自己思考、操作、查阅有关资料等方式自主学习，主动获取知识；或由学生自己提出问题，相互讨论，再由教师个别指导；或在教师的指导下共同讨论、研究、解决问题。

比如，在加州萨克拉门多新技术高中，着重通过小课题教学来培养学生的多方面能力。代数课上，教师会给学生一个小课题，要求他们花几个星期研究比较燃油动力汽车与油电混合动力汽车的相对经济性。学生被分成不同的小组，每组学生要选择同种型号的汽车，使用两种不同类型的动力，并且用汽油价格、每公升汽油里程数、汽车标价等计算油电成本。课题要求他们必须把计算方法表达成代数方程式的形式，不仅要画出图表，还要使用不同的计算机应用程序，将计算结果呈现出来。有的家长也会参与进来，扮演犹豫不决的购车顾客，学生们会使用数据和家长分析讨论每种汽车的经济性及其缺点，向他们说明并推销自己的汽车。然后指导教师会对学生在计算过程中的多个方面进行评分，包括数学技能、批判性思考技能、计算机知识技能、团队合作技能、最终陈述表现、书面沟通能力、工作伦理等。不仅如此，同一团队的学生还要对团队内其他成员的团队合作技能进行匿名评分。

事实上，一些中国高校也实验性地采取这样的授课方式，但收效不大，这主要还是源于中国的升学制度限制。这种类似兴趣小组的方式，只能偶尔进行，作为学生实践项目。而且不可能像美国学生一样一个项目花费几个星期，所以只能挑选一些容易的项目进行。而美国高中之所以有机会让学生们长时间实践，就是因为在他们升学的时候，这些经历都是加分的关键，而不是像中国学生一样，只能当做课间休息的谈资。

高中不轻松，学习生活两不误

斯坦福大学教育学院的一位教授说："不要认为美国的学生生活无忧无虑。美国学生压力也很大，他们除了学业之外，还要兼顾很多课余活动。如果在中学时没有加入过社团，也没有什么特长，没有获得过什么名次，没有一所大学会录取你的。"

的确，美国高中生没有高考的压力。但是对他们来说，要升上大学，一样也是压力重重。区别只在于，美国的高考看重的不是一场高考的分数，而是看重多年的是综合能力。从一定程度上来说，后者需要付出更多的努力。一考定终身在美国是行不通的，就算你期末考试考了满分，那也只意味着你拿到了总成绩的10%-15%，而剩下的分数全在平时，比如说单元测验。而且，从一定意义上说，并不是说拿 A 就很优秀，因为很多课相对容易一些，而有的课则很难拿到 A，所以美国高中的成绩单上还会有你选课的难易，作为你这个 A 的分量显示。一所比较好的私立高中，每个人一周至少会有 4 个测验，数学一周两次测验，科学两周一次，英语两周一测，还有历史、语言、社会科学的考试等，甚至有的人一天就有可能进行三四个测验。如此多的测验下来，难怪校园里最常听到的就是：I'm tried（我很疲惫）。美国还有一种课堂的小考（quiz），主要考察家庭作业和课堂学的内容，占总成绩的15%-25%，同样不可小觑。quiz 频率视老师的个人喜好而定，有的老师甚至每节课都有 quiz，所以学生们都小心翼翼地反复复习上一次课的内容，就怕老师来一个突然的小考。除此之外，还有结课论文、科学实验报告等，都需要花费极大的精力和时间，所以即使是在中国的重点高中，恐怕也很难有这样的学习强度。

已被普林斯顿大学录取的乔安说，她的高中生活一天到晚总是忙忙碌碌的。晚上在学校要待到 10 点才能回家，作业很多，节假日都难得可以休息。不过她并非完全是在题海中挣扎，因为她的很多时间是花在"课外"。她参加了篮球队、垒球队，甚至同时担任学校啦啦队的队长。美国非常重视体育，很多人都是忠实的球迷。参加体育项目的队员们，每天都得至少训练 1 个小时，双休日的比赛至少要花一天时间，然后你就得熬夜写作业了。

另一位高中生说，他的时间永远不够用，每天都是 1 点后才睡，老师要求很严格，想要高分必须非常努力。此外，他还是全州乐团的小提琴手，奥林匹克科学竞赛选手，也需要经常参加辩论赛，这些都要占用大量时间。

申请大学时，大学对学生考评标准最重视的是高中阶段平时成绩和综合能力，并且有一套科学、客观的评价体系。在美国申请一所大学，学校看重的东西很多，下面是几个主要的方面：

1. 个人成绩和学术能力

在大学的申请材料中，成绩单是不可缺少的。由于美国高中是四年制，所有大学都需要申请人四年的成绩单。也就是说，需要你时时绷紧弦，保持平时成绩的良好。申请人的成绩单、所学课程的难度和排名，学科竞赛取得的奖项，甚至是参加过的培训，都是大学招生时所看重的。

2. 个人课外成就

这是仅次于学术的一个重要方面。大学会在申请人的校内和社会活动项中寻找各种足以证明申请人的责任心、领导才能、合作能力的证据。

3. 人格魅力

这是美国各大学在录取中极为强调的一点。

4. 个人艺术特长

申请人的艺术作品，如舞蹈、戏剧、音乐、视觉艺术等，将由大学的教师进行评价，并决定是否在录取时作为特长进行特殊考虑。

心理辅导：为学生减压

一进入高中，学生的学习压力陡然骤增，很多学生戏称自己为"学习机器"。他们总是生活在一种持续不断的压力当中，感觉每天都很吃力。有一些学生甚至经常失眠、胃口不佳。有的学生不得不放弃自己的爱好，去追求好的学业成绩。还有人长期生活在焦虑和抑郁当中。学生们也知道同伴们都在为进入优秀的大学努力，自己只有尽最大努力，赢得更好的学业成绩，才能获得优秀大学的青睐。美国的一项调查显示，在巨大的学业压力下，15%的中学生被确诊患有抑郁症，40%的学生长期焦虑、失眠、注意力不集中等，而且优秀生患病的几率更大，这也证明他们为了保证学业优秀，承受了更大的压力。

　　哈佛大学入学办公室主任说："一些学生竭尽努力考上理想大学，但很不幸，在达到目标的过程中他们已经精疲力竭了。"为了纾解学生的学业压力，让学生们保持健康积极的心理状态，美国的高中专门制定出了相应的应对策略。在《如何帮助压力过大的高中生——美国的研究结果和经验》一文中详述了美国高中是如何减轻学业压力的。

　　　学校心理辅导员是保证青少年心理健康和精神健康的第一道防线。他们的主要任务就是与老师、父母及其他精神健康领域的专业人士合作，针对每个孩子的问题制定出专门的解决方案。心理健康顾问会为学生提供心理咨询，让他们讲述自己的压力，减轻心理负担，教授学生如何进行时间管理、减压、瑜珈术以及其他自我心理调节方式，以此来缓解学生的心理压力。

　　很多高中还特别重视教师与家长的交流沟通。家长可以随时和教师预约会面，向教师了解学生的情况，同时也可反映学生在家庭中的表现。这样就有助于学校和家长双方及时了解学生的动态，从而可以及时合理地对学生进行心理疏导和帮助。

　　一些学校也在尝试重新定义"成功"。他们改变公开奖励优秀学生的方式，从而避免给那些未获得奖励的学生带来压力。学校不再用广播等公开的形式来播放某种排名，也不鼓励让获奖者进行演讲等方式。学校对"成功"的评价指标更加多元化，例如，运动或者艺术上表现突出，服务学校或社区以及对俱乐部活动积极参加，都被视作成功的标志。

除此之外，很多学校还取消期中考试，将期末考试安排在假期之前。为了给学生留出更多的空余时间，大幅减少假期作业；一些学校重新排列学校的课程表或者日程安排，尽量避免将多门考试安排在同一天进行。在教师方面，学校要求教师给学生布置家庭作业以前，明确布置作业的目的，和完成作业需要的时间等问题。还有很多学校采取区段排课（block，scheduling），用每节课九十分钟来取代传统的四十五分钟，从而减少每天的课量，使每天七门课变为更少的三门或者四门，避免学生不停地从一个课堂到另一个课堂，并且每天晚上也不必完成七门功课的家庭作业，从而减轻学生的学业压力；还有的学校每周一次，把上课时间推迟，保障所有学生都拥有有效且足够的午饭时间（据调查，大约20%的学生利用午休时间来选修额外的学业课程）。这也同时为教师增加了备课时间和专业发展时间。

尝试"在家上学"法

近年来，接连出现家长不满学校表现，在家办学，为孩子授课的事例。比较知名的如作家郑渊洁，他在家里培养出一个非常优秀的孩子。

另一位知名人士是浙江人徐雪金，他创办了义乌"在家上学联盟"网站，网站上不仅提供各种教育信息的咨询，还有以城市为单位的各地分论坛。引起全国各地的关注。

徐雪金在自己家中给两个孩子和外甥办学，他大女儿7岁，不上小学；小儿子2岁半，不上幼儿园；外甥3岁，也不上幼儿园。

有位"在家上学"的实践者袁小逸，刚年满12岁，在学校上过一两个学期，觉得学得太慢，没兴趣。于是，她就在父亲指导下，自学了初中课程，还写了本《私塾女孩袁小逸》，引起关注。

同时，"在家上学"在美国也得到越来越多的认可。各种各样的调查统计显示，在家上学的孩子无论是数量还是占同龄人的比例都增长很快。1985年，仅有5万名在家上学的学生；到1992年，有30万名在家上学儿童；1999年，美国教育部估计已经达到85万人。美国驻华使馆中文资料显示，2004年有多达120万名美国儿童在家里接受教育，"在家上学"已经成为美国增长速度最快的一种教育形式。

但是，一个很现实的考虑在于，"在家上学"可以完成一些基础性的、中小学方面的学习，但对大学才能接触到的专业知识很难涉及。如果这些"在家学习"的学生参加中国的高考，相信很难得到符合他们学力的考试成绩。但如果在美国"考"大学，凭借着他们所掌握的知识和经历，他们申请到美国某所大学的入学资格倒不是难事，只要他们在"在家学习"的过程中掌握了中学生应具备的知识，并在自由的学习生活中还参与了足够的社会活动。

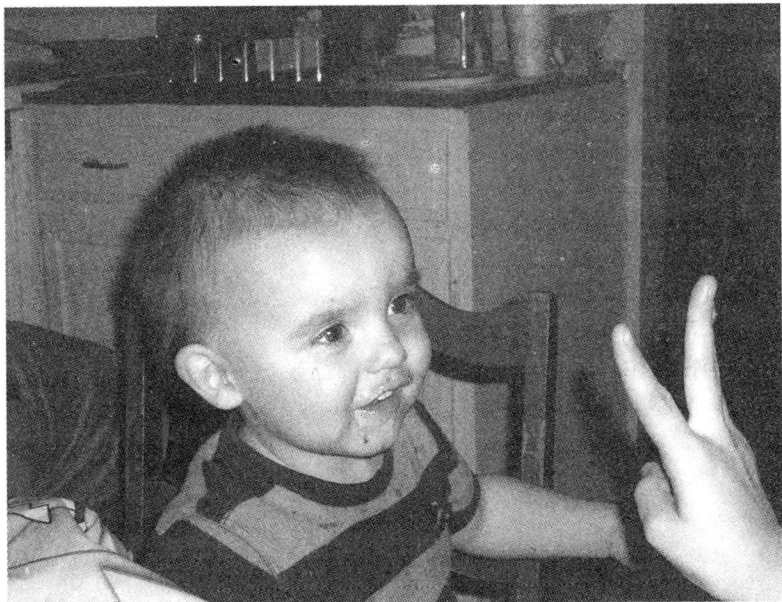

家长教两岁的孩子数数

"在家上学"与其说是家长特立独行的创新，不如说是逃离教育体制的现有不足，自己想办法教育孩子全面、正常地成长。每个学生都有个性成长、自我选择的权利。只不过，考虑国情，到目前为止，我国高校的招生体系对这种教育方法的接受度仍然不是很高。但是这种个性教育法的优势，仍然应该得到承认。

望子成"人"而非"龙"

著名学者易中天最擅长的是"品三国"，但是他2009年在扬州一次演讲时提出的教育中"望子成人而非龙"的观点却让我再一次陷入了深深的思考。

2009年扬州演讲的互动阶段，一位高中生向易中天发起"猛攻"，请他讲一下对当今中国教育的看法。易中天坚定地表示，一个人最重要的是真实而自由快乐地生活，教育的最终目的是要搞清楚什么是自由而全面地发展。易中天称现在我国教育存在的最大问题就是急功近利、望子成龙，而他表示自己教育观点就是"望子成人"，希望孩子成为一个真正意义上的人，能做到善良、真实、健康、快乐，这就够了。

比如"技校"这个概念，在中国教育体制下似乎是考不上高中、大学的学生不得已的选择，但是，在美国，专业学校却办出了特色，办出了质量。

托马斯·杰弗逊科技高中是美国非常成功的技术学校，位于弗吉尼亚州，人称"磁铁石学校"，即有专长的学校。美国的"磁铁石学校"都是具有特色鲜明的专业课程的学校，能够吸引别的学校的学生来选修它们的一些课程，比如具有文科特色、工科特色、艺术特色、体育特色的课程。因为专，所以精。而且这些学校常常能够和相关的科技公司、大学、社会机构合作，相互促进，因而很受学生欢迎。学校一般设4个年级，从9年级到12年级，学生从十三四岁到十七八岁，基本上都是弗吉尼亚州的学生。只要能够凑足20到30人，就可以开课，每周上半天。

托马斯·杰弗逊科技高中很注重学生的能力培养，包括思维能力、实践能力、社会责任感等等。学校将自己的办学理念贯彻到每一门课程之中，让学生在上课时充满挑战性，各个学科相互交融，共同创造出一种鼓励创新的文化氛围。

报考托马斯·杰弗逊科技高中的学生，并不是所谓"通不过中考"的差生，而是已经对自己未来方向有把握的"8年级学生"。

托马斯·杰弗逊科技高中每年暑假开始招收一些想要报考本校的初中学生，一个学生一次缴纳200美元，就可以参加学校开设的科技课程。这些课程基本上都需要动手动脑，像物理学、化学之类。中国学校的物理一般以教授物理理论为主，而托马斯·杰弗逊科技高中的学生却是从加工材料学起，焊接、剪切、锯、锤、电脑编程等等，一个暑假下来，学生的动手能力得到很大提高。这些课程的气氛都比较活泼，吸引学生热爱学校、热爱科学。比如教师会以某个电视剧为切入点，引导学生解析剧中出现的一个个科学难题，破解科学秘密，让学生们在解谜的过程中产生浓厚的科学研究兴趣。学校把参加暑期课程的学生分成若干组，要求每个组集中提出一个重要课题，报给学校，学校针对这些课题开设相关课程，由教师指导学生如何学习，高年级的学生带领低年级的学生讨论问题。在这一学习过程中，每一个参加暑期授课的学生的兴趣爱好、能力水平、合作水平、责任心，教师都能深切地感受和观察到，这样学校可以从中挑选合适的好苗子，进行重点培养。

为了提升学校的竞争力，每所学校都在努力发掘有潜力的优秀学生，招收那些在科技、体育、绘画等方面有特长的学生，这些少数精英，一进入学校，就开始由学校进行合乎教育规律的重点培养。

在美国，并不是考上什么名校就是成功，从托马斯·杰弗逊科技高中走出的学生，有的直接进入工作岗位成为优秀的工程师，有的选择进入大学甚至修读研究生学位，都是个人选择的适合自己的路，而非顺应社会潮流或者家长的敦促。

职业技术教育：腾飞的另一只翅膀

美国中学有学术性中学、综合性中学、职业技术中学、磁铁石学校和选择性学校五种。其中绝大多数高级中学属于综合性中学，有98%的学生就读于综合性中学。美国的职业技术教育不是单纯地局限在职业技术高中里。

校园一角

职业技术教育是整个高中教育的重要组成部分，这一点在综合高中里得到了充分的体现。在美国，大多数综合性中学的目标有两个：满足学生升入大学的需要和满足学生中学毕业后直接参加工作的需要。综合性中学分设学术课程、职业课程和普通课程。学生可以在三种课程中进行自由选择，选择后也可以在不同课程间变动。在修完基本课程的前提下，学生可根据自己的个性特长去选修音乐、艺术、建筑、设计、汽修、护理等专业。据美国教育部统计，目前，几乎每一位高中生（96.6%）在毕业前都会选修一些职业课程，45% 的高中生平均选修至少 3 个学分的职业课程。美国有大约一半的高中生把职业课程作为他们学业的主要部分之一。

一般，每所中学都必须有 10 个以上的技能培训实践基地。比如，在新泽西州的摩里斯郡高中，配备的幼儿教育专业的教学场地实际上就是一个规模很大的幼儿园。里面孩子们玩耍的东西应有尽有，甚至为孩子们准备了全套的寝具。但是非节假日是看不到有孩子来这个幼儿园教学场的。因为学校为了让幼儿教育专业学生能够零距离接触到孩子们，与学生家长达成了一项协议：每逢周末和假期由家长将自己上真正幼儿园大班的孩子送到这里，让选择幼儿教育课程的学生免费看管与开展各种教学活动。这个举措不但使学生们有机会进入实际的职业角色，也得到了家长们的接受与欢迎。

车辆技术专业的实训基地气派非常。场地里摆满了世界各地主要品牌的车辆供学生操作与分析。车辆维修车间则与真正的车间相差无几，几乎可以完成汽车维修涉及到的所有工程。各个车间里都分别配备有操作机器、检测仪器、配件、零部件，使整个教学场所看上去就像一个汽车制造厂。

学生通过对众多选修课的实践，了解到自己的能力，以及兴趣爱好所在，选修课也为他们提供了基本的技能培训和基础的专业知识，为他们今后的升学或就业打下了基础。

在美国，职业高中在整个高中教育体系中仅占 4.6%，但提供的职业课程教学质量则十分高，因为政府给它们拨的款是教育部高中教育基金中最大的一部分，它们拥有更好的教学设备和器材，能为学生提供更大范围、更深层次的训练，肩负着为社会输送高品质技术人才的重任。高中职业教育不仅强调职业课程的学习，也提供高中全套必需的学术类课程，学生毕业后也可在就业和升学两种选择中做抉择。

王晓阳在《美国高中教育现状、改革趋势及对我们的启示》中提到：以马里兰州为例，该州重新设计了高中职业技术教育体系，组成 10 种职业群（美术、媒体与传播；企业管理与财政；建筑与发展；顾客服务、接待与旅游；环境、农业与自然资源系统；健康与生物科学；人力资源服务；信息技术；制造、工程与技术；运输技术），代表了该州高速增长的经济领域。该州 350 多家主要企业都认可这些职业群的划分。据 2006 年的统计，51% 的完成一组职业技术教育项目课程（在某一职业领域取得 4 个学分）的学生也完成了进入四年制公立大学所需要的所有学术课程。而在 1998 年，这一数字只有 14%。

美国职业高中的一个重要模式是与企业合作办学。很多学校与企业合作，将学习与就业连接起来，培养符合实际需要的合格毕业生。这一方面使教学更加适应就业，另一方面也能提高教学质量和未来技术工人的素质。学生学到相关的实践课程，获得相关工作经验，为进入劳动力市场做好各种准备。美国前总统克林顿上任后，制定了一个向所有选择不上大学的中学生开放的全国"学徒"计划。职业学校和企业共同制定独立的方案，确保学生毕业后具备工作技能，并且有工作机会。

比如，北卡罗来纳州格林斯博罗市的 RF 微型设备公司与当地技术高中之间的合作，是职业教育成功的一个典范。RF 微型设备公司制定出几项计划，以帮助培训学生使用公司用于生产的计算机电路设备。RF 微型设备公司强调："除了这所学校，在本市没有其他地方能帮助人们学习有效使用我们的设备所必需的技能，那些拥有艺术学士学位的毕业生是不能取得我们需要的专门经验的。因此，职业培训对于保持我们市的生产能力的作用不可小觑。"

近年来，"金融危机"席卷全球，许多行业受到影响，工作机会也变少，但却给高中职业教育培训带来了蓬勃发展的机会。这是因为，金融危机不仅使大学学费愈加高昂，很多大学缩减奖学金名额，而且大学毕业生的就业前景也持续低迷。而与之形成鲜明对比的，则是具有专业技能的职业高中毕业生和选修过专业课程并成绩优秀的大学毕业生，显然比其他人更受到企业的青睐。

佐治亚州的托比·胡吉斯上高二时，他的同班同学还都在热衷于为升入大学而奋斗，他却在规划着自己不一样的未来。他明确地知道自己希望能进入计算机行业，于是向当地的计算机公司咨询他们需要什么样的人才。他得到的答复是，接受不同于理论学习的实践技术培训，能使自己具备更大的市场竞争力。于是托比参加了专业计算机网络培训班。现在，当他的很多高中同学已大学毕业，正在四处奔走寻找工作时，托比早已在计算机行业拥有了一份年薪五万多美元的工作。

高中课外也有"戏"

在我们看来，课外活动从来都是被踢到角落里。因为学生要学习，无尽的题海和考试甚至挤占了最基本的体育课时间，因为分数，因为高考压力。曾经有一个高中生说过，"上了高中，偶尔听到课外活动这个词，觉得是那么陌生，竟然一时反应不过来是什么意思。"

学生的课外活动是美国教育内容的有机组成部分。各学校把课外活动作为帮助学生适应社会人生、增长才干的重要措施。学校甚至还经常对学生的课外活动进行考核，认为从中可以看出学生们的竞争力、责任感、领导能力和人际关系等方面的特点。人们相信，课外活动表现突出的学生，将来也很可能成为学术或政治方面的优秀人物。美国中学生的课外活动多种多样，大部分学校至少也有几十种课外活动。大体上可分为学术性、娱乐性、体育活动和社区活动。

学术性的社团包括自然科学、数学、电脑、写作、编辑、辩论等。例如：学生会（Student Council）、智力抢答题竞赛组织（Academic team）、美国国家荣誉组织（National Honor Society）等等。这些学术性社团组织既可以让学生回顾在学校学到的书本知识，还可以在课后实践操作，更加丰富自己的头脑。

一提起艺术类别的组织，自然是少不了吹拉弹唱，展示自己独特风姿的社团。大多数学校有话剧社、合唱团、乐队、舞蹈队、摄影社、桥牌社、陶艺社等。体育方面则包括各种运动的校队、体操队、啦啦队等等。还有一些其他的特色组织，例如家庭生活能力培养俱乐部（Family and consumer science club）、各个国家的文化俱乐部（Culture club）等等。各种课外活动都有一个辅导老师。这些活动除了丰富高中学生们的课外生活，还旨在培养学生们的集体荣誉感和对不同文化、不同艺术的包容心态。

每年开学时是各社团大张旗鼓招收会员的日子，学生只要交几块钱会费就可参加社团了。一般各社团每年收的会费是4-5美元。各社团经费来源，除收会费外，主要靠勤工俭学，如组织学生扫庭院落叶、扫雪、帮人洗车、推销礼品和演出门票等等。一年里各社团会员要参加义务服务，还要参加几次比赛，以及为提高活动质量而举办的交流经验会等活动。许多课外活动设有定期表演、校际比赛、州际比赛、全国比赛，甚至世界大赛。

美国的节庆日不少，而且很多节庆活动往往是全校集体参加，欢声笑语，热闹非凡。每年的秋季，学生们便开始兴奋地盼望着"返校节"。返校节是美国学校的传统庆典。返校节的庆祝活动一般选在周末开始，持续将近一周。庆祝方式多种多样，传统的有舞会、游行、体育比赛等。女生们最期待的是返校节舞会，她们可以好好装扮一番，盼望着能和自己心仪的男生在舞池翩翩起舞，最好能在舞会上艳压群芳，获得"王后"桂冠。男生们，可能更愿意在橄榄球比赛中展现自己的孔武和力量。

除了返校节之外，还有学年舞会。学年舞会是高中生们比较正式的社交活动，一般只有 11 和 12 年级学生才可以参加，想要参加舞会的学生得早早地"预约"舞伴。舞会当天，参加的所有学生都必须身着正式服装（女孩穿长礼服，男孩着西装），甚至有时候还有喜欢热闹的老师应邀前来凑个热闹。

在美国，课外活动不仅是学校的事，政府和社会也会为学生们提供机会来了解社会的方方面面。比如在演讲辩论方面，最著名的是模仿法庭辩论队（Mock Trial Team）。美国宪法权益委员会每年会根据某件真实的案件改编一个虚构的案件提供给 Mock Trial 比赛。每个高中的 Mock Trial Team 一共 18 人，起诉队 9 人，被起诉队 9 人。每个队有 3 名律师，3 名证人，3 名其他法庭人员，有的甚至包括了法庭素描员。并且每个队还要配备一名高中老师和两名教练。委员会还提供一名有执照的律师，一般是刑事律师，还有一名地方检察官。从每年秋季开学后集训到 10 月底，然后到县高级法院比赛。比赛时，法庭上是真正的法官，2-4 人组成的陪审团里也都是真正的律师和法官。比赛时，两个学校分别代表起诉队和被起诉队，然后再交换。比赛的整个过程全部是按照标准的美国法庭案件的审理过程来进行。

从 Mock Trial Team 的例子可以看出，美国的法律教育从青少年时期就开始了，国家每年花费大量教育经费，在全国动用上千的法官律师义务参与。这种态度和精神是十分值得我们感动的。

除此之外，每年暑假各州的首府都要为 11 年级的学生举办为期一周的"模拟政府"活动。该活动经过考试选拔限一名学生参加。参加者被要求加入一个模拟的政党，然后开展竞选州长、市长、议员的活动。最后当选"州长"的学生，还可以到本州的州长办公室同真正的州长一起办公一天。

时下美国大学已把学生课外活动的表现作为大学入学评价标准之一。许多大学的申请表上都有这样一栏：

高中期间参加过什么课外活动

担任了什么职务

课外活动的年限

得过什么奖励或荣誉

奖励或荣誉是地区级的、州级的、国家级的、世界级的

各大学竞相录取的是学科成绩优良，而且课外活动表现突出的学生，有些名牌大学甚至将考生的课外活动表现占到总评分的25％。宾夕法尼亚州有明文规定：高中生、大学生在毕业前须参加至少一个课外项目，否则不能毕业。而宾夕法尼亚州也并非美国唯一要求大中学生必须参加课外活动的州，在马里兰州、明尼苏达州、新泽西州也都对高中以上学生提出了类似要求。

高中学生打工忙

在美国，家庭、学校和社会都鼓励学生的自立精神，都会给

予打工的孩子极大的支持。每年有三百多万的中小学生打工。餐厅、零售商店假期都会在门口张贴主要面向高中生的临时工招聘告示，有的地区还会举办专门帮助在读高中生和毕业生寻找打工机会的交流会，各种媒体也向学生提供大量打工的信息，不少公司和单位也都设有专门给大中学生的实习岗位。例如，美国宇航局喷气推进实验室（NASA-JPL），就有一些部门聘用高中生打杂，甚至有些实验项目也允许高中生参加。这些能在这里打工的孩子，在高中毕业的时候就已经有了实验室工作经验，对他们申请大学无疑会有巨大帮助。"名""利"双收，一举两得。

高中学校和各种社会组织、政府机构也会合作开展一些项目，为青少年提供学习和训练的机会。很多技能培训是以选修课的形式介绍给学生的。比如烹调课，课上会教给学生各种点心、主食、三明治的做法，并将做好的食品供应给学校餐厅。而且学校还会积极帮学生找打工的机会，让他们能有机会到餐馆打工。有的课甚至教给女生照顾小孩子的技巧。

对高中生来说，无论打什么工，他们不仅能赚到零花钱，还能有很多的机会和各种各样的人打交道。在美国，大大小小的超市、餐馆几乎随处可见打工的高中生。家长和教育界人士相信，即使是做这些看似简单机械的工作，也能大大提高孩子各方面的综合能力，尤其是适应社会的生存能力和竞争能力。

在美国，学生打工是不论出身贫富的，"富二代"、"官二代"、和"穷二代"一样打工，一样挣零花钱。学生们的口头禅是：要花钱，打工去。千万富翁的儿子和小康家庭的孩子一样在冷饮店卖冰淇淋，挨家挨户找洗车的工作。美国不存在孩子"拼爹"的现象，因为如果你把家庭背景搬出来，只会让人非常瞧不起，其他人会觉得你只是依靠身后的家庭，自己没多大本事。美国高中生，即使父母给他买了拉风的跑车，保险费、汽油钱和修车钱还是要自己打工挣。很多高中生打工的目标也不仅仅是挣些日常的小零花钱。有些是为了攒钱买二手车，有的想要挣够大学第一年的学费，有的想攒钱出国旅游，还有很多学生打工的目的是为了把自己的劳动所得捐给慈善、环保等机构。

还有另外一类中学生"打工族"，是为自己打工的年轻企业家。《华尔街日报》曾报道过华裔女高中生耿子涵（Diane Keng）的创业故事。耿子涵的父亲是往返于北京和硅谷的一位风险投资人，他为女儿的事业投了第一笔 10 万美元的启动资金。当时年仅18 岁的耿子涵在硅谷就读高中四年级，却已经创立了第三家公司。耿子涵在经营公司的同时，还选修了两门大学预科 AP 课，并参加了学校的羽毛球队。硅谷的另一位传奇年轻企业家查哈尔，16 岁上高中时就创立了一家网络广告公司，两年后以 4 千万美元的价格将公司售出，之后又创立了另一家公司，并在 25 岁时以 3 亿美元将公司售出。

高中生打工的工资一般都不太高，很多学生打工拿的钱连成人的一半还不到。在餐馆洗盘子、上菜，每小时一般也就 6-7 美元的工资。但是对打工的高中生来说，最重要的是收获自食其力的成就感，以及加深对社会的认识和适应。美国社会学家多年来的广泛调查表明，在培养社会生活能力这个大方向下，"赚钱"、"熟悉社会"和"为将来就业准备一个经历"是学生们打工的几个主要原因。高中生打工，既锻炼了自己吃苦耐劳的精神，又学会了自立，还增加了自己的社会责任感。打工不仅可以将书本知识运用到生活中，还可以借此熟悉社会，为将来走向工作岗位打好一定的基础。

恋爱不是洪水猛兽

高中生谈恋爱属于早恋，在我们这些家长和老师看来，最贴切的一个形容词是"洪水猛兽"，无论是北京、上海这样的大城市的著名学校，还是偏远地区的普通中学，大部分高中都把禁止学生早恋这条或隐晦或明确地写入校规。一旦发现哪对男生女生走得太近，老师和家长都会如临大敌，一定要对学生轮番轰炸，体罚、批评教育、监视，真正做到了无所不用其极。甚至有的学校为了防患于未然，出台男女学生交往要保持多远的距离这样的规定。然而与之相反的是，在美国的青春期问题里，根本没有"早恋"这个词。如果硬要把它翻译出来，就只能叫"青春期的约会"。但是如果不加解释，美国人就完全弄不明白，尤其是看不出那个"早"字里所包含的贬义。"早"和"恋"的结合，变成一个让大人害怕的敏感词，只有我们汉语里才有。

美国青少年恋爱的高峰期恰恰出现在高中。美国学生升入九年级，大部分是 15 岁左右。这时他们生理上已经发育到一定阶段，这也带来了心理上的变化。对于异性充满了好奇，开始渴望与异性交往。在美国的高中里，谈恋爱是很普遍的现象，反倒是那些没谈恋爱的孩子，倒显得有些格格不入。在高中生看来，没有异性朋友证明是你对异性没有吸引力。这种吸引力是相貌、智力、体能、举止谈吐、社交能力等等多方面能力与条件的组合。家长们和教师们不会焦虑，也不会担心，高中生谈恋爱，可能会影响学习，即使有时候年轻人自制力差，容易犯些"错误"，但年轻人已进入青春发育期，他们需要对异性有所了解，男女生之间的接近是不可避免的。两性关系在中国学校长期以来一直是个"抬不起头"的话题，直到近年才有所改观。可在美国，它却是一个"永不褪色"的话题，每个学生都津津乐道。

应该承认，在男女同学关系方面，美国高中生活跃得多，美国家长们也开明得多。在孩子恋爱的问题上，父母要做的是给予正确引导。强行禁止压抑不但会给孩子心中造成硬伤，而且会影响他们未来的婚恋择偶。美国高中的男女同学经常集体看电影，一起唱卡拉 OK，一起去吃饭。每当这种时候，只要孩子的活动和家庭生活没冲突，家长基本都是持鼓励态度。而对于孩子交男女朋友，很多家长不但不紧张，反而非常欢迎。因为在美国家长看来，人生不仅仅是读书考大学，情感也是人生的一个重要组成部分。没有品尝过真正爱情的人生是不完整的。美国家长的普遍看法是，如果谈恋爱会对学习造成影响，在初中谈会影响考高中，在高中谈会影响考大学，那么在大学谈就不影响学习了吗？何况，按这个逻辑，大学谈会影响考研究生，到了工作时谈，还会影响工作。如果早晚都是影响，那么在感情上起伏最大的初恋倒不如发生在初中或者高中一年级。这个年龄段的孩子"失恋"恢复能力强，影响也相对少些，孩子还经历了这个年龄段应该经历的宝贵的感情，品尝了少男少女清纯爱恋的滋味。

在美国，很多父母都非常热衷接送孩子约会。由于九、十年级的很多学生都还没有驾照，所以父母就担当起了孩子约会时司机的角色。把孩子载到约会地点，两家的父母点个头，打个招呼，然后就各自去咖啡馆坐坐或者看场电影什么的，一边等着孩子们。他们认为孩子谈恋爱是孩子的事，没必要搞成父母的联谊会。况且如果双方父母忽然走得这么近，也容易给孩子造成负担。很多高中情侣也会经常到对方的家里走动。父母们都会笑脸相迎，即使是不太喜欢这个女孩或男孩，他们也绝对不会表现冷淡或者失礼。因为美国的父母深知，尊重孩子喜欢的对象，也就是尊重自己的孩子选择，是尊重自家孩子和尊重别人孩子的表现之一。

美国高中对于学生恋爱问题也很开明。学生可以和教师坦然自若地讨论自己的男女朋友、感情问题、恋爱观甚至是性问题等等。在美国，大概11年级的时候（中国高中二年级），学校每年都会为孩子举办一次 Prom。Prom 实际上是学生的一种社交聚会，目的是给年轻学生提供一次男女交往的机会，让他们学习如何与异性交往。学校组织的各种课外活动也会注意男女比例的均衡，以期达到让男女学生多多互动，加强了解和合作的目的。

不过开放的态度也带来不少的问题。虽然大部分有教养的家庭都会严格禁止孩子同伴侣发生性行为，但是从调查结果来看，美国高中生发生性行为的比例是十分惊人的。美国高中生未婚妈妈是全世界最多的。据统计，在高中时发生性行为的学生比例已达到48%。有调查者宣称，在接近墨西哥边界的地区和贫民区，这一数字能到达90%以上，有些学校甚至是100%。我们看看由美国防止少女怀孕基金会组织（Candie's Foundation）提供的数字就可以有比较直观的了解。在美国，每年大约有75万少女怀孕，其中，80%的当事男生最终不会和孩子的母亲结婚；一半多的少女妈妈没有完成高中学业。"防止少女怀孕全民运动"（The National Campaign to Prevent Teen Pregnancy）提供的2006年数据显示，美国每1000名15至19岁的少女中，成为少女妈妈的比例非常高。

最著名的少女未婚妈妈当属阿拉斯加州前州长佩林的女儿布里斯托。布里斯托高中还没毕业，就生下一个儿子。在接下来的一年里，她经历了即使比她大两倍年纪的人都恐怕难以承受的打击：母亲竞选失败，孩子的出生导致上大学前路茫茫，以及和即将订婚的男友分手。布里斯托痛定思痛开始频频出现在电视节目上，呼吁少女们要从她的故事中得到教训。她说："如果少女们当初知道性生活的后果有多严重，谁也不会做那种事。"她甚至为一个基金组织担任"防止少女怀孕"的代言人。

在美国高中里，老师们绝对不阻止学生恋爱，但却不断提醒大家不要做单亲父母。性教育是美国高中必需的健康课（Health）

的重要部分。健康课修一个学期，有半个学分，其中性教育占了一章多。很多学校也为学生提供专门的性咨询室，学生信息和谈话内容都是严禁外泄的，学生的隐私受到绝对保护，让学生们放心地前来咨询自己的困惑，并得到有经验的老师的帮助。

经历了上世纪六七十年代的自由主义大爆发，和八九十年代艾滋病的恐慌，进入二十一世纪，美国有 1/3 的学校增加了"禁欲"的教育，提倡将性行为推迟到婚后，并会告诉学生实行安全性行为的做法。很多高中把安全套作为减少怀孕率和性病传播的重要工具，分发给学生，并且也会在性教育课上教授学生安全套的正确使用方法。

高中毕业舞会——孩子的"成人礼"

每年六月中旬是美国高中学生毕业的时节，每个高中都会举行高中毕业舞会（prom），这可以说是美国校园文化中不可缺少的一个重要活动。舞会非常正式，少男少女们穿着正式礼服，从中学习一些正式场合的礼仪。

学生们通常好几个月前就开始为这次舞会做准备，毕业舞会由专管学生工作的副校长及毕业班指导老师指导，将毕业的学生具体筹划和操办场景的布置、乐队、灯光、音响、食物、舞会面具和饮料等。

高中毕业舞会通常在富有情调的休闲娱乐中心举行，毕业生们携舞伴（prom date）而来。男孩子们穿着黑色或白色燕尾服，女孩子们穿着优雅性感的晚礼服。男生们会租豪华的礼宾车去女孩家接舞伴。一套礼服动辄数百，甚至上千美元，再加上美发、美容、挑选首饰等，全身打扮下来，也是一笔不小的费用。毕业舞会被高中学生视为心目中最后的、最耀眼的舞会，因此即使是经济拮据的家庭也会千方百计为孩子租礼服。据报道，一场高中毕业舞会，人均消费可达 400-3000 美元。在美国，学生高中毕业一般是18 岁，标志着独立生活的开始，从此他们的学费和生活费要自己承担，有充分自由规划自己的人生。参加毕业舞会的费用并非全部由父母支付，很多学生很早就开始筹划打零工攒钱。

男生在毕业舞会上穿着的燕尾服通常是他们人生中的第一套燕尾服，而第二次穿可能就是在他的婚礼上了。女孩们通常会结伴选购最漂亮的礼服，挑选的认真专注程度完全可以与新娘挑选结婚礼服媲美。从少男少女进入到了成年人的世界，对于很多人来说，这场浪漫又盛大的中学毕业舞会是终身难忘的。多年之后，很多人对自己当时穿的什么、舞伴穿什么、天气怎样、在哪家餐馆吃的饭等细节，都还记得清清楚楚。

高中毕业舞会是男女生在花样年华展示魅力的最好场所。女生花大工夫挑选礼服、饰品、鞋子，做指甲和头发，力争在舞会上光彩照人。男生们通常会掩藏起稚嫩，尽力"装扮"出成熟"绅士"的样子，因为他们知道，他们即将告别中学时代，成为"大人"了。今后，他们必须作为一个真正的男子汉或是成熟的女性，对自己的一言一行负责。

　　无论是男生还是女生，对毕业舞会的关注和重视程度，跟考试相比有过之而无不及，因为考试以后还会有，但高中毕业舞会却不可能有第二次了。而且高中毕业舞会也是中学时代对自己心仪的异性最后表达爱意或友情的最好时机。舞会会评选出"皇帝"和"皇后"，当校长宣布舞会"皇帝"和"皇后"后，当选的舞会"皇帝"会邀"皇后"共舞一曲。此时，全场掌声雷动，欢呼声震耳欲聋，达到舞会的高潮。

　　每年高中毕业舞会是学生狂欢庆祝的时候，但也是家长及老师喜忧参半的时候，因为常常有毕业舞会出现酒精及毒品的报道。在美国，18周岁以下青少年饮含酒精饮料是违法的。因此在整个舞会过程中，校长和老师始终在场，为学生服务，校警也会在各处加强巡视防范。

教育创新的启示

　　"一个人是否具有创造力，是一流人才和三流人才的分水岭。"——哈佛大学第24任校长普西对开发学生创造力意义的理解。不久前，有一项调查让我们感慨。在全球21个受调查的国家中，中国孩子的计算能力排名第一，想象力排名倒数第一，创造力排名倒数第五。著名教育家陶行知先生说：处处是创造之地，天天是创造之时，人人是创造之人。人人都有创新的潜质，但有些人的这种潜质却没有开发出来，终至成为庸庸碌碌、循规蹈矩之人。只是机械地记忆老师教授的内容，不会用创新思维独立思考的学习者，成为学习的奴隶，不管他具有多么丰富的知识，也只能是模仿和抄袭。

事实上，假如以北京、上海和天津等城市为比较基准点，我们的中小学教育的整体教育质量是强于美国的。美国一项研究表明，在世界主要国家教育排名调查中，美国教育在中小学阶段的排名仅为第 30 位，远远低于中国。但若是从中美学生的创造力来比较，那么我们还有很长的路要走。

自恢复高考以来，每年都有"神童""少年大学生""娃娃大学生"的报道引起社会各界的关注。而中国科技大学"少年班"录取的每一个少年大学生，都会成为广大家长羡慕的对象，学校

孩子们发挥想象自由创作

也以培养出"少年大学生"而引为自豪。但是，多年的实践之后，人们开始冷静而理性地看待在学业上少年早成的"个案"了。最近南方一所大学又有一位二十出头的年轻人被学校聘为"教授"，又成为媒体报道的对象。我们现在评价这位年轻人未来能否取得更骄人的成绩为时过早，但我们不得不思索的是更为广大的中学生们，如何在应试教育主导下，保持创造力。"素质教育"喊了许多年，但我们仍有太多的人把能否升入名牌大学当成评价素质教育成功与否的"指标"。当某大学附属中学全班学生放弃高考时，人们做出的最多的反应是惊讶和叹惋。

是什么让我们的中学生失去了创新能力？这个问题值得每一位家长、教师和关注下一代成长的人们深思。深思之余，除了感慨，我们是否还能做些什么呢？

何谓"神童"？

我们这些家长和教师，一贯重视儿童的教育，从小学开始就有重点班，然后是奥林匹克竞赛班，各种各样的尖子班、神童班，一天到晚各种各样的考试，数理化文史哲，不断选拔尖子里的尖子。历年的国际奥林匹克数学赛、奥林匹克物理赛、奥林匹克化学赛中，中国学生表现不俗，但是金牌总数能代表中国学校教育的成功吗？仅凭考试而成为神童的学生，真的是"神童"吗？他们毕业之后，真的能为科学研究和社会活动做出超过常人的贡献吗？我国学生年年在奥林匹克比赛中拿那么多金牌，本土科学家却至今与诺贝尔奖无缘，很值得深思。

著名教育心理学家皮亚杰曾经做过一个实验。他发现他 10 个月的儿子老是把面包撕成碎片往地上扔，还非常专注地观察面包的落点。小孩丢东西的行为并不少见，很多父母在捡起这些东西时，会告诉小孩乱扔东西是不对的，却很少去考虑小孩子扔东西的动机。皮亚杰发现那可能是孩子在探索和学习万有引力的过程：面包为什么会落下去？气球为什么会浮起来？牛奶为什么会流出去？这其实是孩子正在通过自己的实验，认识这个世界。

我们认为，小孩吸收知识的能力特别强，堪称一生中学习知识的"黄金年龄"，但并不善于创造，于是有计划、有目的地教孩子背唐诗宋词、古文经典，甚至几岁的孩子就让他们学外语，想先让其被动吸收，然后再慢慢消化，最后将这些知识融会贯通；而美国人重视幼童的探索天性，提倡让小孩多玩，通过玩耍来接触大自然、认识真实世界、建立认知基础。让孩子用五官感觉大小、形状、颜色和质地，体会数字的意义，而不是一味记住知识、获得答案。他们认为孩子不能像成年人一样抽象地学习，只有用真实世界印象来感知，小孩子虽然可以不加理解地将乘法表背得滚瓜烂熟，但那只是鹦鹉学舌。

如上一节所提及的为什么我们的所谓"神童"小时候表现优异，长大之后就"泯然众人"了呢？为什么我们的孩子缺乏创造力成为了公认的事实？

高度集中统一，以分数论成败的人才选拔模式；乐此不疲的神童炒作、少年天才的大力吹捧，这些都不利于人才的创新和成长。而这些现象为什么屡禁不止？根本上，其实是在于我们的教育仅仅把知识掌握甚至是高分，当做了教育的全部任务，未能遵从教育和人才成长的基本规律，也未能遵循人的品德、智力、体质、情操不可分割的整体原则。在这种教育模式之下的孩子，即使是天才儿童，又怎么会思考？怎么会创新呢？

美国对天才儿童的教育也很重视，与我们的这些"神童班"一样，美国也有类似的机构——天才儿童教育中心（Gifted Center），招收显现出特别学习能力的儿童。对于美国人来说，究竟什么样的儿童才是神童呢？徐永恒先生在博客里曾经提到过美国对"神童"界定的一系列标准：

Organizes collections, people, ideas（能够组织物品、人众和思想）；

Learns rapidly and readily applies new knowledge（能够迅速学习新知识，并且马上运用于实际中）；

Has good memory（记忆力强）；

Holds a longer attention span（能够较长时间注意力集中）；

Demonstrates compassion for others（表现出对他人的同情心）；

Recognizes a strong sense of justice（具有强烈的正义感）；

Demonstrates perfectionism（追求完美）；

Has a high degree of energy（精力高度充沛）;

Enjoys imaginative, creative play（喜爱富有想象力和创造性的活动）;

Prefers older companions（喜欢和年长者一起玩）;

Demonstrates "common sense"（常识性强）;

Attracted to a wide range of interests or narrow one（兴趣广泛或专一）;

Shows interest in experimenting and doing things differently（表现出对探索实验的兴趣，创造性地做事情）;

Sees relationships, identifies similarities, differences, analogies（能够发现事物之间的联系、相似、不同和类别）;

Uses extensive vocabulary（用语词汇丰富）;

Displays unusual sense of humor（非同寻常的幽默感）;

Demonstrates ability with puzzles, mazes, or numbers（表现出在拼块、迷宫和数字方面的能力）;

Seems mature for age at times（看来比实际年龄成熟）;

Shows an insatiable curiosity and persistence（表现长久的好奇，并坚持不懈）;

May have intense concentration（特别的聚精会神）;

Is unusually attentive to details or not concerned with details at all（对细节表现出非同寻常的注意力，或者对细节完全不在意）;

Recognizes patterns easily（能轻易识别出规律）;

Demonstrates perseverance in areas of interest（在感兴趣的领域表现出坚持不懈的精神）；

May question authority（能对权威提出质疑）；

Displays an advanced senses of conscience（表现出高度的理智）；

Perceives abstract ideas, understands complex concepts（能领悟抽象的思想，理解复杂的概念）；

May demonstrate intense emotional and/or physical sensitivity（可能在情感或体能方面的显示出强烈的敏感度）；

Seen as a leader by peers（是同龄人眼中的领导者）。

上述28条中只有5条直接与学业相关，能够通过书面考试获得结果（词汇丰富、数字能力、辨认异同、识别规律模式、理解抽象概念），除此之外的特征都是测量一个学生的个性、思维、道德、兴趣等方面，是根本无法通过一份纸面的考核得到了解的。

如果用上面的指标来衡量我们的孩子，许多"神童"可能只是普通孩子，还有一些被视为平凡甚至"后进"的孩子却可能具备"神童"的大多数特征。

艺术教育指引创造

《世界新闻报》驻美国特约撰稿人陈晚，曾经就其在美国的亲身体验撰写过有关艺术对于培养孩子创造力作用的文章，详尽分析了各项艺术对孩子的影响，或许能给我们在国内的家长和老师打开启迪孩子想象力的另一扇窗。

孩子的想象力和创造力的培养不是一蹴而就的，必须要有一定的时间保证其转化为孩子的特质。试想，如果孩子整天忙于作业和考试，几乎没有空余时间，又怎么有能力进行富于想象的创造。美国中小学学生的课余时间多，课外活动丰富多彩，兴趣盎然，作业又非常少，不以最后一场考试定终身，在如此宽松的条件下，美国的中小学生才有可能任意想象，自由创造。

语文、数学等课程固然重要，但艺术熏陶是培养孩子想象力的重要手段，艺术教育有助于激发学生的多种感知和思维方式。语言和数学技能能使儿童逐渐无意识地学会"正常的"思维方式，也就是线性的和序列的、从因至果的。但这些词语、数字和抽象概念会使发展成长的人与其人生实际经验相割裂。艺术教育则是以另一种位置为起点，培养的是直接的感觉、闪念和顿悟。缺乏艺术教育的学习，会导致学生的无能。我们的教学传承着一种灌输的模式，学习绘画的孩子拿着摹本，学习唱歌的孩子拿着歌本，学习舞蹈的孩子拿着舞鞋进教室，等待着老师的传授，学会了的就是好学生。试想，久而久之，他们还有自己的思维和想象吗？托尔斯泰曾经说过："如果学生在学校学习的结果是使自己不会创造，那他的一生将永远是模仿和抄袭。"

艺术和想象与创造发明大有关联，没有想象力的艺术家是无法进行创作的，意大利著名画家达·芬奇就是艺术和发明并行不悖的显著例证。他并不仅仅是画家，也是一位成功的发明家。他最先采用蜡质材料来表现人脑的内部结构，也是设想用玻璃和陶瓷制作心脏和眼睛的第一人，还在理论层面发明了飞行机械、直升飞机、降落伞、机关枪、手榴弹、坦克、潜水艇、双层船、起重机等等。

想象和创造并不是凭空产生的，美国小学的艺术类功课设置要比我们丰富得多。同样是美术课，和我们的教学也大有不同。在我们这里，老师通常会拿出绘画样本给同学们展示，看谁模仿得最逼真。而在美国小学，几乎没有一幅学生作品是相同或雷同的，孩子们用艺术的方式自由涂抹心中的想象世界，真的是一千个孩子的心中有一千个样子的哈姆雷特。尤其可贵的是，无论画成什么样，老师都不会给予差评。

绘画可以培养孩子的想象力

绘画之外，音乐也是培养创造力的重要手段。中国孩子在音乐教育方面的总体缺失，无疑会影响孩子的创造力培养。这方面最典型的例子是失聪后的贝多芬，他失聪后的创作被认为是"超越了以前所有音乐，向人类想象力所能及的最高领域翱翔"。他完全失聪后，却创作了一些最伟大、最富于思想性和想象力的作品，最后五首弦乐四重奏、最后五首钢琴奏鸣曲、第九交响曲和《庄严弥撒曲》都是在他失聪之后创作的，在这些作品中他进入到了艺术的未来境界。

音乐和创造力大有关系，作曲家的创作一定离不开丰富的想象力。前文讲过，美国的音乐教学是小学生到了三年级，就都选修一门乐器，然后这些孩子们要参加学校的乐队，每逢节日或者学年结束时，要上台做汇报演出。这门乐器的学习和成绩通常来说会至少持续到高中。美国许多州都有经过选拔的中学生组成的青年乐团，州立大学通过免费提供场地等方式支持其发展。加入青年乐团对于中学生来说也是一件很感荣耀的事。

除了重视艺术教育之外，美国中小学每年还会至少举办一次科学节。对科研感兴趣的学生，可以报名参加比赛。科学节的比赛选题随意，没有标准命题，孩子们可以自愿参加，任意选题。美国孩子的研究课题非常有趣，比如研究可口可乐瓶子的变迁史、研究当地的岩石等等。

这个研究过程，不仅丰富了知识，更主要的是学到了一种研究方法、一套探索世界的逻辑。这样的教学方法，不是"授人以鱼"，而是"授人以渔"，这也许才是教育的真正意义之所在。

每年七次"高考"

如果说中国的高考是独木桥，不知有多少孩子和家长为它欢喜为它忧，相比之下，美国的高考（SAT）似乎就没有这么惨烈。美国各大学的入学条件有 4 个方面：SAT 考试成绩、高中四年的学习成绩、社团活动记录、老师或校长的推荐。严格来说美国没有所谓的高考，但是美国大学要对来自全国——甚至全世界学习不同课程、具有不同评分系统的众多学生进行比较，选择录取人员，也需要一个统一的"标准"来做有意义的衡量和比较，而这个统一的标准就是 SAT。不仅是美国本土的高中生进入大学需要这个考试的成绩，世界其他国家和地区的学生要进入美国的大学学习，除了要提供 TOEFL 这样的语言能力考试成绩以外，大多数学校都要求有 SAT 成绩，因为它是美国各大学目前唯一可用来比较不同地区和学校学生能力的成绩。

SAT（Scholastic Assessment Test）是"学术能力评估测试"的简称，其本身的含义和大学入学考试没有关系，但是因为美国大学在招生时都会要求申请人出具 SAT 考试成绩，人们为了方便理解，对照中国的高考，将 SAT 勉强算作美国的大学入学考试。

与中国高考的一考定终身不同，SAT 考试由美国大学委员会（College Board）举办，在美国领土每年 1、2、3、5、9、10、11 月举办 7 次，其他地方每年举办 6 次。SAT 考试每科 800 分，总分 2400 分。学生可以自行决定参加哪一次或哪几次考试，并自行选择考场，寄去报名表、报名费支票。校方将复习和考试看做学生自己的事，没有集中统一的复习时间。考试完全由国家委托的考试公司负责。

SAT 考试主要考查的是学生的逻辑、分析、推理等方面的能力，与高中教材并没有直接关系。7 次考试中任何一次成绩都有两年的有效期，学生可根据自己的实际情况，参加不止一次的考试将自己最满意的一次成绩单寄送大学。

SAT 在美国每年有二百多万高中生参加，是美国各大学决定录取和评定奖学金发放的重要参考指标，其重要性不言而喻。中国的高考出题、印刷等流程是绝对机密的，而 SAT 在美国是一个产业，有出题单位、考试单位、印刷单位、补习单位等。对于子女教育比较重视的亚裔家庭，也会让孩子参加大大小小的补习班。

SAT 考试包括：SAT Ⅰ 推理测验（Reasoning Test）和 SAT Ⅱ（Subject Tests）专项测验。SAT Ⅰ 考试时间为三小时四十五分钟，题型为选择和写作，主要考察学生的阅读、数学及写作能力；SAT Ⅱ 单科考试可选择的科目有数学、物理、化学、生物、外语（汉语、日语、德语、法语、西班牙语）等，考试时间为一小时，大部分为选择题，主要考察考生某一专业的知识，满分是 2400 分。

美国好一点的大学对于中学申请者的要求大大小小有十几个指标，其中包括 SAT Ⅰ 和两到三门 SAT Ⅱ。SAT 并不仅仅对学生上大学有用，它甚至影响着学生毕业后的就业。有许多美国大公司都要求应征者提供 SAT 分数，因为这个高中时代的成绩代表着员工的智力素质，代表着一个人是否足够聪明、是否具备足够的潜力。

美国学生希望获得 SAT 好成绩的愿望和心情，和中国学生希望获得好成绩的心情是不相上下的。但是，由于美国的初高中教育主要是让学生充分了解自身的智力水平，从内心中认识并且自主选择与自己智力水平相当的大学。因此，美国学生不会出现题海战术的情况，而是更注重对 SAT 考试整个套路的理解，及其与自己在高中课堂上学习思路之间的重要关联性和不同性，然后迅速地提高自己 SAT 考试成绩。从整体来说，学生基本上不会有不达一定分数不罢休和花大量业余时间进行"魔鬼式"学习的情况。美国的高中会严格按照教学大纲来进行正常的高中教育，不允许学生有一段时间不上课，只准备 SAT 考试。但是，美国高中会为学生配备教务辅导员（Student Counselor），他们会根据学生的具体学习情况，为学生提出报考适当的大学的建议，并告诉学生应从哪些方面进行准备。相比中国高考来说，准备 SAT 的过程要轻松许多。

尽管 SAT 考试对于美国高中生来说非常重要，但是学生们同样对这个考试有着比较深入的认识，他们认识到自己应该去最适合自己的大学，并不一定要求自己的 SAT 考试分数有多高，因而他们更愿意拿出一些时间从事社会工作、志愿工作，或者发展自己的兴趣爱好等，这可能比一门心思地考 SAT 对自己有意义得多。

大学青睐成熟而与众不同的高中毕业生

哈佛大学、耶鲁大学、普林斯顿大学等世界名校每年的录取者中，几乎都是 SAT 高分的学生，SAT 高分起码说明了该学生的智力和学习成绩，在美国，甚至在全球申请者中处于优势。但美国各大学并不把 SAT 当做唯一的录取标准，名校从来都不缺成绩优秀的学生，但是更注重个人素质，更想要一个与众不同的学生。许多学校都把"其他技能"列入录取要求中。而且，有的学校甚至更喜欢要跟它气质相合的学生，招生人员会筛选适合本校文化的学生，以保证其学校文化的延续性。比如，如果哈佛大学的招生委员会发现某学生非常聪明，但有些书呆子气，又偏好工程学科，那么他们会认为这是一个典型的"麻省理工型"学生而加以拒绝。

当然了，大部分名校更看重的是一个人的综合素质和能力。哈佛大学每年都拒收不少 SAT 高分学生，理由是这些学生的"综合素质"不够。由此不难看出，美国大学录取的不是一个分数，而是一个完整的人。他们要求的综合素质有：

1. 体育素质高

很多大学喜欢"明星名人"，篮球打得好的、跳高跳得高的、世界前列的、国家队里的、州内名列前茅的，都在此列。比如老虎伍兹当年中学成绩并不出众，就是因为其杰出的体育才能被斯坦福大学录取。华裔球星林书豪被哈佛大学录取时，他的篮球比赛成绩也为他加了分。

2. 学业突出

此处的学业突出，并不仅仅指学生的分数高，而更侧重于某一方面表现得比较卓越，比如奥林匹克数学竞赛冠军、西屋科学奖得主、Spelling Bee 优胜者，以及其他各式各类的科学比赛的前几名。而且可以不必是特别有名的，比如有些学校举办 Science Fair，若有学生的创造性实验能脱颖而出，其本人也可以被加分，甚至被优先录取。

3. 有杰出领导才能

美国大学非常重视学生的领导才能。比如，学生可能因为成功地组织了学校的废品回收活动而被录取。也有位名叫苏菲的女生被麻省理工学院录取，尽管其 SAT 分数并不足够高，但她在高中二年级的夏令营时，和十几个同伴在野外迷路，她主动当了小队的领导者，带着同伴们在野外生活了三天三夜，直至全体学生被警察救助。

4. 有志于贡献社会

名校喜欢有激情、有动力，且愿意以自己的激情、热情和努力贡献社会和世界的人。比如有一名家境富裕的女孩，学习一般，因为她几乎把全部的课余时间用来做志愿工作了。她天天去打工，将挣来的钱捐给拉美两个穷苦的孩子上学。因为她认为用父母的钱来捐款，不是自己的贡献。这样的心态和作为也是名校喜欢的，她最终被耶鲁大学录取。

5. 参加有个性的课余活动

每年美国各大学的申请表格上都会出现一个题目："你所选择的课外活动，哪项对你影响最大？为什么？"参与活动的多少、输赢都不是重点，重要的是这些课外活动提高了学生哪方面的素质，通过参加活动的经历，学生有了哪些收获和改变。如果仅仅是每年参加不同的学习班、不同的课外活动，却不能让人看出从这些课余活动中得到了怎样的成长，就只能反映出这个学生没有自己的想法和个性，只是跟着人群里起哄，或者被家长逼迫，心智并不成熟。"我喜欢那些性格独立坚强的学生。此外，我非常看重学生课外活动的参与度和独立思考能力。"耶鲁大学校长理查德·雷文这样说。业余活动是否有个性，是考查学生兴趣取向的好办法。每年都有学生因个性化爱好而进入名校。2012 年，有个中国高中生被哈佛大学录取，其中一个主要原因是，这位中学生玩魔方已达到出神入化的境地。主考官认为这样的孩子专注、高智商、动手能力强。

6. 优秀的自荐信

美国大学在受理学生申请的时候，自荐信的作用不可小觑。自荐信是学生写的关于自己的论述，是学生自己的"声音"，更让学校知道你是谁。假如学生在 18 岁以前就从事过有价值的工作，参与过多姿多彩的社会活动，取得过骄人的成绩，并且通过书信侃侃而谈，让考官读自荐信时就身临其境、倍受鼓舞，这样的学生将来会不成功吗？

当中国学生遇到美国大学

最近几年，我国的很多家长和学生觉得，出国留学是更好的选择。然而，在没有充分认识与了解美国名校前，他们往往依照应试教育的规则，认为只要提高自己的英语水平，并在 SAT 考试中取得较高的分数就可以了。实际上，越是美国名校，对学生综合能力的要求也越高，考试成绩只是其中一个因素，而且并非决定性因素。

想必为留学做过充足准备的人对马振翼这个名字并不陌生，他从 2009 开始，专门为中国的这个特殊群体提供咨询与服务。三年来，马振翼接待了不少学生，其中，有高考落榜却被哈佛大学录取的，也有被所申请的所有美国大学拒之门外的高考状元。马振翼表示，在与这些学生的交谈中，他发现，绝大多数学生在回答问题时往往不自信，对事物的认知也模棱两可，完全看不到他们内心世界的真实想法，这样的学生，考试成绩即便再高，也很难申请到美国大学。当然，也有极少数学生很清楚地知道自己缺少什么、需要什么，对于这种目标明确的学生来说，就算考试分数低，也有可能被美国知名大学破格录取。由此不难看出，美国大学所注重的，是申请学生自身所具备的东西，比如理想、目标、实践能力、自主行动能力等等，在校成绩只占极少的一部分。

举个例子。马振翼曾遇到过一个来自银川的杨姓学生，小杨高中毕业后并没有选择读大学，一年后，他找到马振翼，提出要申请去美国读大学。在和小杨聊天的过程中，马振翼深深被他表现出来的独特魅力所吸引，并认定他就是哈佛需要的人才。

原来，小杨自幼在农村长大，所以他深深懂得，对于西部农村的学生而言，不仅缺少物质资源，精神资源也极其匮乏。于是，他跟同伴东奔西走，筹集了 5 万本图书、15 台电脑，根据需求，捐助给了 18 所西部的农村小学。让马振翼觉得更不可思议的是，小杨上高中的时候，跟其他人完全不同，别人都是天天挑灯夜读、废寝忘食，生活在备战高考的紧张状态中，而他却将主要精力用来做一件自己喜欢的事情——非政府组织（NGO）。当时，只有十几岁的小杨四处奔波，虽然期间遇到了不少的困难与挫折，不过最后还是在当地一家媒体的帮助下，注册了一个十分有创意的公益网站，成为 NGO 资源共享的平台，为有需要的人提供帮助。如今，小杨公益网站的规模不断壮大，已经有 200 多家 NGO 成为了它的会员。

对小杨高中毕业后到西藏牧区，与当地藏民共同生活了半年的经历，马振翼尤其感兴趣。从小杨的讲述中，马振翼感触颇深，尽管小杨其貌不扬，但他的内心充满阳光，对生活的态度也是积极乐观的。不仅如此，小杨在表述时，逻辑清晰、语言顺畅，给人一种愉悦和享受的感觉。小杨说，自己是个外向的人，喜欢与人沟通、交流，也喜欢挑战新的事物，只要是自己认准了的事情，就会不遗余力去完成。

当马振翼问他们想申请美国哪所大学时，小杨的父母认为，如果能进美国排名前三十的学校就已经很不错了。马振翼又问小杨，他想选择什么专业。小杨回答说，他渴望读经济学，因为他的生活阅历让他深切地体会到西部人民的贫穷与落后，他希望自己学成后，回去改变那里的现状，让大家过上富裕的生活。

谈话结束后，马振翼意识到，这个 20 岁年轻人身上拥有无限潜力，而美国一流大学需要的正是像小杨这样，将来能影响世界、改变世界的人。

哈佛的主考官在北京对小杨进行了面试，他也很欣赏小杨，虽然小杨的 SAT 成绩（满分 2400 分）只有 2000 多点儿，但是，哈佛大学经济系依旧录取了他，并授予他全额奖学金。

对中国学生来说，小杨只是一个特例；但是对美国的大学来说，他却是一个非常优秀、潜力十足的学生。美国大学每年接受的申请中，总有一些学生让面试官印象深刻，他们充实的高中生活，让这些常春藤名校心甘情愿把他们接纳到自己的麾下，续写他们的精彩。其实，中国教育界对实践、理想也很重视，只不过缺乏让孩子们腾飞的环境。这一点，值得我们深思。

孩子上大学，欢迎家长送

一旦孩子被大学录取，家长让孩子自己拎个包、扛着行李上学校报到不就可以了吗？这不正体现孩子能自立吗？但是，偏偏还有很多家长每年的八九月份带着大包小包的行李，怀着殷殷期望和切切叮嘱，千里迢迢送孩子上大学。然而，这并不是中国家长和学生的特色，美国也有送孩子上大学的家长，而且数目也不少。大多数美国家长只要时间允许，都会陪同孩子一起到校园报到。

大学一年级新生，通常会提前一两天到校，家长们陪同护送、报名交费、领取被褥、收拾床铺、交代饮食和交通安全、嘘寒问暖、挥泪告别，这一套程序走下来，真让人体会到了"可怜天下父母心"的涵义。在我国，每到八九月份，就照例会有一个关于"送还是不送"的讨论。有的学生认为自己是成年人了，不需要家长陪同；有的害怕同学和老师看见家长来送，会怀疑自己的生活和自理能力；有的家长不送心里不踏实；也有的家长其实是借送孩子之名，来异地旅游一趟或者走亲访友……总之，中国家长送孩子上大学的原因不一而足，但是近年来的舆论导向似乎都倾向于让孩子自己来上学。相关教育部门表示，非常理解家长们送别孩子的心情，但还是鼓励家长们放手，让孩子自己来报到，锻炼孩子的自理和自立能力。更有甚者，个别学校给予 100 元人民币奖励自己到校的学生。而美国教育认为，如果家长不送孩子上大学，意味着家长被隔离到子女大学教育的责任之外。

大学新生自己独立到学校，体现了独立精神。美国学生从小就已经很独立，不需要这样一个"仪式"。美国家长送孩子上大学，更多的是体现"送别"的意思。家长送孩子上大学，并不代表孩子的自理能力差，毕竟家长不可能永远陪着孩子在大学读书，家长离开后孩子自然有的是机会锻炼自己的自立自强。家长送孩子上大学是家长参与学校教育的一种重要形式。一方面反映出的是家长对子女教育的关注，另一方面也使学校、学生和家长结成"共同体"，增强凝聚力，共同把孩子教育好，这样学校会进步，学生会发展，家长也会满意。

因此，美国的大学不但不打击家长送孩子上大学的积极性，还会邀请学生和家长到学校进行实地考察，参观校园、学生宿舍、食堂和图书馆等设施，并可以和学校管理人员、教授见面，家长可以和校方面对面地了解学校的教育规划、金融资助、生活环境等具体情况。而且，学校会安排大学校长举办派对，邀请所有的新生和家长一起参加。在派对上，学生和家长可以与校长、教授自由畅谈，当然校方也会趁机向学生和家长推介该大学的成就和学子们辉煌的前途，或者与家长共同探讨大学生在校教育的问题。

家长送孩子上大学，说明的不仅是家长对孩子的重视，更表明家长愿意参与孩子未来四年的大学教育。学校、学生、家长的三角关系要平衡发展，家长的作用不容忽视。而且，多让家长到学校看看，也增加了学校的凝聚力。毕竟，对于大多数孩子来说，对他们影响最大的不是著名教授和学校，而首先是父母。

许多美国大学认为，没有家长参与的学校教育是不平衡的教育，而不重视家长在大学教育中的特殊影响，学校教育也只能变成为知识而教育、为教育而教育，很难让教育发挥其最佳效果。

part 6

大学缔造成功

美国的大学课堂，师生互动，气氛活跃

雄厚的资金用于教学科研第一线

　　美国是世界公认的科技强国，世界 50% 以上的学术论文、诺贝尔奖得主和专利，都被美国包揽。美国拥有为数众多的一流学府，吸引着全世界最优秀的学生负笈求学，然后用它强大的企业将大多数优秀的科技人才留在美国本土，并成为建设其科技强国的砥柱。全世界最好的大学 85% 在美国，这不能不说是造就美国世界强国地位的重要原因。

　　美国建国的历史虽然不够源远流长，但其重视教育的理念却由来已久。早在 1862 年美国着手开发西部的时候，一位有远见的参议员就推动实施了《赠地法案》，使每个州分别获得三万英亩土地，并允许大学将这些土地变卖作为学校经费大力发展学校教育，让落后地区的农工人员得到受教育的机会。

　　美国的顶尖大学基本全是私立，是从市场竞争中出来的，其中一些公立大学，也开始私立化，越来越依靠民间投资，而非联邦或州政府的经费。但是美国的私立大学和我们所认为的私立大学有很大的不同，它们不是通过学费来赚钱的，而是通过学生投资的人才投资组织才获取经费。很可能出身贫寒家庭的学子，会通过大学教育进入精英阶层。而大学的资金来源主要靠的是本校杰出的毕业生校友，他们有庞大高效的校友网络。他们事业有成，有能力为学校捐款，而且读书时学校对他们像家长对孩子一样体贴备至，使他们在大学度过了人生最美好的时光。比如哈佛大学，它以学生的人生成功为自己最大的成功。如果你是一名新生，从入学第一天起就有一位教授做你的导师，为你提供学习、生活和工作中的任何问题的咨询和指导。如果你学业有困难，学校会免费提供课外私人指导；如果你经济有困难，学校会做出相应的资助调整。在学校的精心哺育和指导下，学生们走向社会后自然会对母校感恩戴德，成功后不忘反哺母校，对学校慷慨解囊，创立"捐赠基金（endowment）"。哈佛大学的基金每年都有可观收益，捐助基金已近350亿美元之巨。

国外评判大学的标准之一，是看这所大学校友的捐款占大学经费的比例。校友捐赠多的大学，一方面可见其培养出来的学生在社会上获得了较大的成功，另一方面校友肯把钱捐给母校，也说明了学校对学生的成功起了巨大的作用。从这儿也可以看出，美国大学之间也有竞争：看谁培养的毕业生日后更成功，谁的教育能给学生以后的人生产生更重大的影响。

哈佛商学院曾经向毕业生校友发动过一次募捐活动，计划募集5亿美元，结果最后募集到了6亿美元，大大超过了原来的目标，其中，从该校获得硕士学位的毕业生有三分之一慷慨解囊。

大学生开学典礼上有一句常用到的话：今天我以学校为荣，明天学校以我为荣。这话虽然也是一部分事实，但是一所成功的大学应该是永远以学生为荣的，应该从学生一入校开始，就要以培养学生成功为目标，不放弃每一位学生，而不是等到学生成功成名后，才以之为荣。

美国的大学与我们国内高校不同的一点是，学校把校友捐助资金的绝大部分用在了给优秀学生提供全额奖学金，出最高薪挖来最杰出教授，提供足够的研究启动经费，创立新的学科等方面，而不是单纯地用于学校建筑的扩张、招生人数的扩大，这就吸引了更优秀的人才，并形成了生生不息的良性循环。据报道，哈佛大学要求家庭年收入 12-18 万美元的学生，以家庭年收入的 1/10 支付学校的教育费用；家庭年收入 12 万以下的学生，支付比例降低；而家庭年收入在 6 万以下的学生，费用全免。

值得注意的是，美国的高等教育也存在着两极分化的现象。比如，一些地方性的公立大学财政紧张，基础设施年久失修，只能通过涨学费、雇佣临时教师等措施来开源节流。这样，教育质量下降了，费用却没能减少。以马萨诸塞州为例，尽管该州是私立大学最集中的州，云集着哈佛、麻省理工、威廉姆斯学院等精英私立大学，个个有提供免费教育的实力，但该州 2/3 的大学生却就读于公立大学。这意味着，只有少数精英可以享受免费的一流教育，其他学生则只能接受收费的二、三流教育。美国人也认识到了教育的不公平会进一步导致社会的不公平，正在加快教育改革的步伐。

小的往往是好的——"文理学院"

一旦进入美国的大学校园，你会发现有很多地方跟你想的不一样，既有内部体制方面的，也有外观布局方面的。比如说，在国内一年热似一年的学科，人们认为是当今最"吃香"的学院，可能会享有校园内的中心位置，拥有最新最现代化的教学楼，但与此相反的是，最"吃香"的专业或学院在美国的校园中却显得不那么恢宏显著。哈佛的法学院、医学院、商学院等都是全世界引人瞩目的，但你会发现，它们都处于校园的"边缘位置"。

走进任何一所美国的研究型大学，一进大门，首先映入眼帘的重要建筑往往就是"文理学院"，很少有哪一所研究型大学主校园的正门是法学院的大楼，新闻学院、商学院、教育学院等也从来不可能占据校园的中心位置。比如加州大学伯克利分校，一进大门正对的楼是文理学院下属的英语系，斜对面的楼是历史系、比较文学系等。文理学院在常青藤大学中往往占据着校园最中心、最引人注目的位置。形成这种布局并没有任何条文规定，这是在历史的传承中不约而同、自然而然形成的。大学的空间布局，无声地折射出它的教育理念。

一所大学的文理学院，往往反映着这所大学和从校门走出去的学生的文化底蕴。

曾先后任教于普林斯顿大学、加州大学伯克利分校、哈佛大学、美国人文社会科学院的杜维明教授在演讲中说："大部分中国人不了解的是，美国教育体制的精髓是自由教育的四年制的文理学院。美国的根本精神和西方文化的精髓在自由教育的文理学院中。"文理学院的英文名称是 liberal arts college，以本科教育为主，注重全面综合教育，课程包括艺术、人文、自然科学、社会科学等各门类。liberal 含有"开明"、"开智"的意思，在香港，它被译为"博雅教育"。arts 不能简单地理解为艺术，而应该是素质、能力、思想等软性的能力，指的是欧洲中世纪教育传统中"七艺"概念——文法、论辩术、逻辑学、算学、几何学、天文学、音乐，美国的大学承续了欧洲的传统，重视广义上的现代版的"七艺"，也就是文理双修，同时也包括现代意义上的社会科学。在大部分美国人的心中，文理学院代表着经典、小规模、高质量的本科教育，许多文理学院的学术声誉不亚于哈佛、耶鲁等名校，也是很多贵族或富商教育子女的首选。

文理学院的目标不在于教会学生具体的谋生技能，而是对学生进行全面的教育，使其成为一个高素质、有教养的人。因此，文理学院会教授古希腊哲学思想史，但绝对不会教授会计学。因为最初去文理学院就读的都是贵族后裔，他们更关注的是如何提升自己的素质，提高自己的修养，而不是学习谋生的手段。他们培育的是社会的"领导人"，领导人可以没有具体技能，但要有广泛的文化背景、高度的道德和文化水平。

　　像斯沃斯摩尔、艾姆霍斯特、卫斯理这些文理学院，连研究生院都不屑于开办，一门心思营造优质的本科教育。每年的招考分数照样不亚于哈佛大学、耶鲁大学等名校。文理学院的教育，给学生打下了坚实的基础，能够满足大多数岗位的需求，学生在接受了四年高质量的通才教育后，步入社会或去研究生院进一步深造，都相当受欢迎。根据美国《新闻周刊》统计，美国著名的卫斯理文理学院的毕业生就读研究生的比例甚至高过了哈佛、耶鲁这样的名校。

　　自由教育的文理学院，学费一般每年三四万美元，虽然学费很高，但是奖学金也高。如果一个孩子家境贫寒，但聪明用功，通常会获得各种各样的奖学金，有的学生甚至可以一分钱不花就能完成大学教育。因而从根本上看，个人是有可能通过自己的努力和才能改变自己的阶级和社会地位的，美国社会也由此保持向上的活力，使源源不断的才智之士进入上层社会。文理学院与其他研究生院的不同之处在于，文理学院培养的主要是研究型人才，而法学院、医学院、商学院等研究生院直接面向社会和具体的岗位。

　　文理学院的师资力量往往十分雄厚，但学院的规模却相当小。通常来说，师生比例是大学好坏的重要指标之一。学生和老师的比例越小，学校越好，这样任何一个学生都有机会和最好的教授交流、进行面对面的教育互动，形成对话式的讨论班。比如，美国最优秀的几所文理学院，麻省的威廉姆斯学院师生比例是 1∶9，学生不足 2000 人；阿姆赫斯特的师生比例是 1∶8，学生人数是 1600 人左右。

尽管美国著名大学的扩招压力逐年加大，但名校对于扩招仍然非常谨慎。曾任教于美国多所著名大学的比较文学学者、美国哥伦比亚大学终身人文讲席教授刘禾在一次采访中说："哥伦比亚大学的文理学院有四千多个在校本科生，如果想扩招50至100个学生，就必须进行慎重考虑，因为一旦把入学门槛降低，

雨后清新的大学校园

声望也会随之下降。我们跟哈佛、耶鲁、普林斯顿等大学的文理学院都互相攀比，不敢轻易扩招。"普林斯顿大学仅有四千多名本科生，从2005年到2012年，本科生人数预计增加500人；斯坦福大学20年来，本科生在校数量增长了不足200人。

严谨的教风，高素质的师资

耶鲁大学校长每年在开学典礼都会骄傲地告诉新生：耶鲁教师几十年如一日，为知识的发展做出了开创性的贡献，他们都是各自领域中的国际级领先者。斯坦福大学也特别强调教师的作用，

认为大学教师必须具有战略眼光，能迅速捕捉新机遇，有策略实现自己梦想，能够在自己的专业领域不断创造机会，培养出不受任何经验、行业、市场限制的敢于突破和实践的学生。

世界各国著名大学的共同经验证明，高素质的师资队伍既是决定大学核心竞争力的关键，也是培养创新型人才的关键。麻省理工学院等美国名校坚持让如诺贝尔奖得主、著名宇航员等科技名人为一年级新生上课。他们并不期待大师们能立即给学生传授什么高深学问，而是让学生在进校之初就能与某领域的顶尖研究者进行零距离沟通，在很高的起点上领悟科学和人生的真谛，找到自己的人生目标。优秀教师对学生的影响不仅体现在学科专业知识的传授方面，更在于他们研究问题的方法以及知识至上、献身真理和科学的优良教风和学风。把追求科学和真理视为自己学术生命的学术领袖型教师，把发现和培养优秀学生视为天职的教师文化，使美国的高等教育成为全球无可争议的"领头羊"。每年的诺贝尔奖总会有几位美国学者，教科书中有那么多美国人的名字，并非偶然。他们之所以有如此令人瞩目的科技成果，恐怕跟他们大学里的严格教风不无关系。

美国大学的教学管理，对教师和学生的要求都非常严格而具体。大学教师在接受一门课程的教学任务后，必须在上课前编写详细的课程提纲（Course Syllabus），并公布在校园网上，供学生查询和校方有关部门监管。课程提纲包含：课程目标、教材、参考书目、阅读材料、教学内容、进度、课后答疑、课程作业、习题课时、考核方式、评分标准等。学校监管部门可随时进行抽查，并在学期结束前依照教学提纲对教师进行考核。不管是教授或副教授，如果在若干年内考核得不到终身的称谓，就不得不退出。

美国大学老师和学生是相互制约的。加州有个专门的网站，上面有全州大学老师的背景资料和学生给每个老师打的评语，受学生欢迎的老师名字后面会有几个红辣椒。对较苛刻的老师，学生就给一个或多个绿脸。学生不给老师好评语，无形中也就砸了老师的饭碗。

美国教师的授课方式有：

1. 演讲（Lecture）——老师讲，学生听。

2. 研讨（Seminar）——学生先自行看书或做完功课后，再到课堂上和老师讨论，多为小组方式，还会定期或不定期地举行研讨会。比如加州大学洛杉矶分校地理系，几乎每周五都有一次高水平的学术研讨会，有时是本系的教授主讲，有时则从校外聘请专家。系内师生不分老幼高低，大多欣然前往。主讲一般讲一个小时，之后是开放的提问和讨论，经常出现异常热烈的讨论和争论，一般大约30~60分钟。

在平时的课堂学习中，有问题可以随时举手向老师提问，老师在上课时，也会在每一阶段停下来问"有问题要问吗？"，然后再继续。老师上课喜欢讨论，你要是保持沉默，老师就慌了，以为你不喜欢听他的课，会很着急："太安静了，太安静了！"他会主动找机会和你交流，主动把你拉进课堂讨论的热烈气氛中。同时，学生也敢于经常挑战老师的权威，其丰富的想象力有时超出老师的知识范围，老师也不知道的时候会很坦诚地讲："我也不知道，你有什么答案跟我们分享么？"

不要像不像，要的是想象

我们的惯性教育思维往往设立样板，先定框框预设规范，纠结于"像不像"，而美国教育一开始就鼓励孩子创造，在现实生活和内心世界中开展全方位的自由想象。

美国大学认为课外活动并不是课堂活动的补充，相反，学生所学的4/5以上的知识都是从课堂之外获得的，因此学校和老师们很注意让学生从大自然中、社会中获取知识，经常鼓励学生们外出旅行，工厂、农场等哪儿都去；学到什么内容，就去考察什么内容。如果有的学生因家庭困难没钱出去，还会得到学校的积极支持，学校并不认为这种旅行或考察会耽误学习，反而认为这是最生动、最有效的学习方式。

美式教育认为每个人的精力有限，不可能对所有问题做深入探究，重要的是通过学习使自己的研究能力得到锻炼和培养。他们注重研究性学习，通过让学生做课题，使其对某个主题有较深入的了解和学习。当学生深入研究一个课题时，需要查阅大量资料，思考需要解决的问题，做实验、写论文，还要应对质疑和答辩，甚至是权威人士的质疑。这种研究性的学习并不是只对大学生、研究生而言的，甚至是中小学生也有研究性的学习任务。

一位在加州大学留学的女性返回北京后，对国内的朋友感慨道："刚到美国时，房东家六七岁的小姑娘在写一篇关于植物生长的文章。小女孩去社区图书馆借了许多书，在家很认真地研究，还到附近的公园'实习'，最后写了一篇3页的论文，文后还注上引用资料的出处。"这样的严谨态度和钻研精神，在国内，恐怕大学生也很难具备，而写作作文的过程就是充分发挥孩子的想象力和创造力的过程，锻炼孩子分析和解决问题的能力的过程。通过这种研究性学习的综合训练，学生们所学的知识大大超出了教科书的范围。既增长了广博的知识，又提高了深入学习研究能力。别看人家教科书简单，可人家让孩子学到的都是"真料"。

有一位在华尔街工作的哈尔滨女生陈磊，以其在美国知名大学读书四年的亲身经历告诉我们，美国为什么能产生那么多诺贝尔奖获得者？答案是："美国的大学教育很注重个人能力的培养，善于调动个人学习研究的潜能和积极性，给予学生非常大的独立空间。"

从中学时代开始，美国的学校就很重视专题讨论，讨论的往往是超前的课题，老师鼓励学生发挥自己的想象力、创造力和聪明才智，鼓励任何有想象力和创造力的学生发言。学校经常会举行这种专题讨论，有时还请一些权威人士来主讲，一般而言，主讲20-30分钟左右，然后大家轻松自由地提问、讨论，使听众有机会接触到自己感兴趣或正在研究课题的发展动态，而且主讲人和学生进行直接交流，拓宽了学生的思路，也激发了他们的想象力和创造力。

美国大学特别重视小型讨论班对培养创新型人才的作用。据统计，在1999-2000学年，斯坦福大学共开设了5735门本科课程，其中开设的 52% 的课程限定学生为 8 名以内，75% 的课程限定学生 15 名以内。耶鲁大学长期坚持的教学理念是，小型研讨班在激发学生思考、表达自己的观点，并在讨论中完善和捍卫自己的观点方面，发挥着不可替代的巨大作用。

研讨班课程还为学生提供了很多课外工作的机会，学生可参与教师的研究，比如实验室研究，图书馆、档案馆研究，野外考察等。通过参与研究，师生形成了长期辅导和合作的关系。许多研讨班教给学生研究方法，有的要求学生自己设计课题，甚至就是基于研究的研讨班，课程结束后学生仍有从事这项研究的机会。

美国教授的"终身职"

在美国，大学教授有着很高的社会地位和优渥的待遇，而且学校一般崇尚学术自由，教授有权选择自己的教学内容。学校对每门课程并没有一个统一的教学大纲，但授课老师必须制定一个详细规范的教学计划上交系里，并发布到网上让学生知晓。

大学教授是知识分子梦寐以求的职业，一流学府的一个教授职位常常有上千人同时申请。大学聘任教授，基本上是以教学年限和学术成果为考评标准的。当大学教师获得助理教授位置之后，并不意味着可以高枕无忧了。教授每隔两三年应在学术方面上一个台阶，如果六七年之内，还达不到取得终身教职的要求，这个人可能会被解聘。但是如果通过了特定的考核，将会被大学聘任为终身教授。这一方面保证了人才的流动性，同时又具有一定的稳定性，可以为学校留住真正优秀的研究人员。

美国认为终身教授制度能保证学界知识分子的独立思考精神和高校的自由批评空间，发挥大学对整个社会的批评功能。授予教授终身职位是保证学术自由和思想独立的基本条件，如果没有这个终身职位制度，那么发表不受社会欢迎观点的教授，就很有可能面临被解雇的风险；而获得了这个终身教授的职位，学校就不能因为其思想偏激或攻击学校、政府而解雇教授。当然也不排除个别人获得终身职教授后不思进取的可能，但这只是极少数。

当然，获得"终身职"教授职位的门槛相当高，申请者不仅要做多项独立科研、在高水平的期刊发表文章，还要看学生的评语，并经过严格的同行教授师资评审制度，仔细衡量其对科研的实际贡献等。

其中，同行考核是最重要的一项。通常是系主任任命三名终身教授组成委员会，对申请者提交的所有学术成果逐一进行仔细研读，得出独立的判断，然后展开讨论，也会邀请校外的专家评估申请者的学术成果。之后，学术委员会提交详细的报告，全系的资深教授会根据报告进行讨论和表决，然后和系主任的独立报告汇总，提交院一级的评审委员会，进行新一轮的阅读和辩论，然后再对是否对当事人续聘、是否晋升为终身职等提出建议。评审委员会成员名单都是保密的，以保证专家独立、公正地作出判断。假如评审委员会的成员名单被泄露，那是要追究泄露者法律责任的，而且在美国学界，教授都十分爱惜自己的学术名声。

此外，高等院校在管理上强调专注于教育和基础研究，为了保证教学质量，不鼓励大学办企业，也不鼓励教授拿过多的项目。大学教授是全职工作，不允许公私兼顾而出现利益冲突。人们认为，这是教师的道德和法律的底线。

如果大学教授当公司的董事长或公司的全职雇员，那么他就必须得离开大学岗位。不过，研究型大学的理工科、法学院、经管学院等职业学院的教授经常有被聘为某些专业方面的"顾问"的，但其必须向大学上交一定比例的收入。如果一旦出现公私之间利益冲突，此人就必须在二者中做出选择。比如，曾先后出任过美国总统安全顾问、助理国务卿、国务卿等高级职务的基辛格，从政之前是哈佛大学的教授，但步入政坛之后，按美国大学的规定，他必须辞去教授职务，尽管他依然具有教授资格。

基辛格退出政坛后很想回到哈佛工作，但被哈佛婉言谢绝，因为他提出了只做研究、不给学生上课的要求。时任哈佛大学校长的博克教授解释道："基辛格是个学识渊博的人，论私交我们关系也不坏。但我要的是教授，不是不上课的大人物。"美国的大学对应聘教师的要求是非常严格的，即使是那些大牌政界人物，也很难在大学找到当"挂名"教授的机会。

精英不是天才，而是为梦想努力的人

大多数中国学生最刻苦的日子是在中学时代，在中考、高考的压力之下，学生们不得不加班加点，熬夜苦读。美国虽然不像中国一样要过高考的独木桥，但在一些好的中学，学生们同样也过得并不轻松。但中美不同的是，一旦入了大学的门，中国学生就彻底松了一口气，绷了十几年的弦松了下来，开始放松娱乐，大学四年就成为了最轻松快乐的学生时光。

与此相反，美国的学生却随着年龄的增长，开始慢慢加大了学习任务，进了大学之后更加发奋读书，因为他们相信没有一种精英教育是不需要吃苦的。精英不是最天才的人，而是最能吃苦的人。一个学管理的学生才大学一年级，就已经交了500多页的作业（两倍行间距的打印版），而我国的大学生四年能够写100页已经算比较勤奋的了。

曾经在网上看到一张哈佛大学凌晨四点时图书馆的照片。图书馆里灯火通明，坐满了正在学习的学生。这张照片让那些曾经认为美国大学生活就是各种各样的体育比赛和各种各样的派对的人震惊了。在我们的大学生忙着翘课、谈恋爱、上网玩游戏、看电影的时候，哈佛的这张照片告诉了我们，美国大学生们是怎样度过他们的大学生活的；也告诉国内的大学生，大学不是玩耍的乐园。

康涅狄克州荣誉警政厅终身厅长、美国纽海文大学终身教授李昌钰，以他的亲身经历验证了勤奋学习的真谛。李昌钰在美留学期间，每天学习、工作18个小时，凭借如此的勤奋，才为获得现在的成就奠定基础。他在美国各州和其他17个国家参与调查了六千多起重大刑案，已获八百多个荣誉奖项，是国际法庭科学界目前唯一同时获得美国法庭科学会"杰出成就奖"和国际鉴识学会"终身荣誉奖"的人。李昌钰认为，进入大学只是为以后的成功迈出的第一步，"大学的训练如同进入火车站月台的门票，但是前途如同列车，仅获得门票还远远不够，上哪辆列车还要学生自己来掌握"。他对中国大学生提出告诫："中国人最宝贵的精神是勤奋，但是现在很多年轻人却忘记了勤奋二字。"

哈佛大学作为世界上一流学府，与其说它有最智慧的学生，倒不如说它拥有最刻苦的学生。通宵学习到深夜，每天只睡五六个小时，在哈佛学生的生活中都极为常见。他们认为人类的一切智慧都在书中，书是智慧的阶梯、成功的利器。哈佛大学能够产

哈佛大学图书馆外景（该图来自网络）

生30多位诺贝尔奖得主，7位美国总统不是偶然的。理想为什么在哈佛能兑现？人的潜力到底有多大？哈佛给人的意志、理想、精神提供了一个证明。

哈佛老师这样告诫自己的学生：你如果想以后在任何时候、任何场合下都能做到应手，并得到应有的评价，那么你在哈佛就没有晒太阳的时间。哈佛流传着一句格言"忙完秋收忙秋种，学习、学习、再学习。"正是这样高强度的努力，造就了一个又一个的成功。"在哈佛学习对意志是一个很大的挑战，一旦挺过去，以后再大的困难也不怕。"哈佛学生如是说。

国内研究教育的著名学者熊丙奇曾写道："一位在MIT（麻省理工学院）读大二的中国留学生告诉我，他是世界奥林匹克物理竞赛金奖获得者，高中毕业时保送进了北大。进了北大之后，一个学期选10门课，甚至更多，都没问题，因为只要学期结束，考试通过，就可以了。他觉得大学的日子基本上是在混中度过。一个同样和他保送进北大的同学，混到大二，因为长期缺课去打游戏，最终多门考试不及格被退学。他觉得这样混下去，实在对不起自己，因此申请MIT，到这里继续读大二。到了MIT，虽然只选了五门课，但他感到异常的繁忙，因为每门课，老师都要求阅读大量的书，有的课还必须做大量的实验，稍微掉以轻心就跟不上，晚上在图书馆熬夜看书到深夜的情形，在同学中十分普遍。"

有一位去哈佛学习的中国女孩说："想在哈佛混日子并不容易，教授对每个学生要求都特别严。"在她的五名室友中，有三个是华裔学生，但相比之下，另外两名美国学生却更为刻苦。

在哈佛，到处都是图书馆。哈佛有 100 座图书馆，还有众多像图书馆一样学识渊博的教授们。毫不夸张地说，哈佛校园的每个地方几乎都是学生们的"流动图书馆"。餐厅是一个"可以吃东西的图书馆"，学生餐厅里很难听到说话的声音，每个学生端着比萨、可乐坐下后，往往边吃边看书或做笔记。几乎没有哪个学生光吃不读或边吃边闲聊的。校医院是图书馆的延伸，不管有多少人在候诊也保持安静，候诊室里的学生无一不在静静地阅读或记录。

哈佛的博士可能每三天就要啃下一本几百页的书，并交上阅读报告。哈佛曾经流传着这样一个故事，某教授对学生说："你选修我的这门课，也就意味着你一天只能睡两小时。那么如果要选四门这样的课，不仅没有睡眠时间，反而得倒贴睡眠时间了。"一位在哈佛任教的教授告诉自己的学生："我只要知道一个青年利用他的业余时间做了什么，就能预言出他将来的前程怎样。"有一个学生曾经为了提高自己的发言质量，花几百元买音像资料，然后自己编辑来配合自己在课堂上的发言。

每位老师每次上课都会有作业要求，学生别想空手来听课。曾经有人采访哈佛学生："哈佛教会了你什么能力？"他回答说："哈佛给予我的，是在极限压力下的生存能力。她给我们创造了一种氛围、一种环境，在这种环境里必须保持精神的高度紧张，调动所有的潜能，才能有所收获。"

相信权威 VS 追求真理

哈佛大学校训是用拉丁文写的：Amicus Plato，Amicus Aristotle，sed Amicus VERITAS，意为"以柏拉图为友，以亚里士多德为友，更要以真理为友"。美式教育重视尊爱自己，中式教育则强调尊爱别人。在我国古代圣贤看来，尊爱自己是自然而然的天性，无需后天培养，而尊爱别人则相对于尊爱自己来说层次更高，更有利于社会安宁团结。源于我国几千年以来的"尊师重教"传统，虽有"五四""打倒孔家店"的冲击，但教师在教育体系中至上的权威地位始终无法动摇，"天、地、君、亲、师"的至高权威从古代以来就或隐或显地植根于人们心中；又或许是长期以来只知听从而导致的思维懒惰和惯性，很多中国学生尊重老师、信任权威到了盲从的地步，缺乏基本的质疑精神和"我爱我师，但我更爱真理"的理念。

然而，从现代心理学角度来讲，尊爱自己是尊爱别人的基础和前提，两者是相辅相成的关系，一味强调尊人，势必压抑尊己，尤其在思维能力较弱的幼童阶段，孩子们会逐渐失去自信。

怀疑才能产生创新，不敢怀疑或者不想怀疑，导向的只能是亦步亦趋、人云亦云。被动的接受和主动的思考培养出来的学生是不一样的，他们的区别在于，一个是在接受标准，一个是在追求真理。就像美国教育重阅读而不重背诵，因为广泛的阅读可以开阔视野、丰富想象力，而背诵则可能被前人的思维所束缚而难有所创新。在知识经济、网络迅猛发展、信息爆炸式出现的现代社会，以求同思维见长，求异思维见短的"背诵式"教育，似乎已经并不适宜创新能力的培养，这是我们的忧患所在。

美国注重营造尊重知识、尊重人才的包容文化，学生虽然也很尊重老师，但会和老师争论。耶鲁大学校长雷文先生认为中国学生"太听话"了，很多学生不敢跟老师说"不"。

美国大学并没有把大学简单地定义为单纯地满足社会的需要，为社会提供有知识的新的劳动力，而是认为：大学应该是真理的发现者、正义的守护者和变革社会的力量，是指引国家和社会发展进步的灯塔。《美国大学创新性教育的特点与借鉴》一文中提到，哈佛大学肯尼迪政治学院的公园门柱上铭刻着已故总统肯尼迪的一句话："创造权力的人对国家的强大作出了必不可少的贡献，但质疑权力的人作出的贡献同样必不可少，特别是当这种质疑与私利无涉时。"在这种质疑文化的影响下，哈佛重视在教学中营造学生敢于质疑批判的文化氛围，注重培养学生们独立思维并勇于批判权威的创新精神。

一个观点是否成立，与阐述人的身份、地位无关，而是要通过论证、辩论和实践检验。在学校中质疑和挑战权威，被认为是开辟新发现、开启创新的钥匙。教授充分尊重每一个学生，不仅习惯于学生对自己和权威怀疑和批判，而且鼓励学生们提出新的看法和观点，向自己和权威观点挑战，正如耶鲁大学斯密特德校长对学生所说的："你们就是大学！"

斯坦福大学的前校长卡斯佩对他的学生说："在最好的大学——你们就处在世界最好的大学里——教学和研究是探索知识这一整体同等重要的成分。对知识的这种探索发生在教室里、图书馆里、实验室里、书房中，甚至发生在大方院（斯坦福的学生宿舍）里。你们对知识的探索和我们对知识的探索是相互依赖的：将知识传给你们和向你们提出挑战是我们的任务，质疑和挑战我们，寻找和我们一起做研究的机会以便继续探索知识是你们的任务。"他认为，当代大学的主要道德价值是培养学生的清晰推理能力和批判思考的能力，否则只是知识的积累并不能为足够的教育增加什么。

《美国大学创新性教育的特点与借鉴》中提到普林斯顿大学在本科生培养目标中创新型人才的 12 个标准：

美国大学确定的创新人才培养的标准包括了知识、能力和素质结构：（1）具备清楚的思维、表达和写作的能力；（2）具备以批评的方式系统推理的能力；（3）具备形成概念和解决问题的能力；（4）具备独立思考的能力；（5）具备敢于创新和独立工作的能力；（6）具备与他人合作的能力；（7）具备判断什么意味着彻底理解某种东西的能力；（8）具备辨识重要的东西与琐碎的东西、持久的东西与短暂的东西的能力；（9）了解熟悉不同的思维方式；（10）具备某一领域知识的深度；（11）具备观察不同学科、文化、理念相关之处的能力；（12）具备一生求学不止的能力。

针对这一系列明晰的创新型人才的培养目标，大学的创新型人才培养工作做到了有的放矢、有章可循、有据可查。而这些标准也体现了大学和教育工作者们对下一代的成才所寄予的殷切期盼和关注，还透射出教育工作者对每一个学生负责、对国家负责、对社会负责的敬业精神。

兴趣是最好的老师

乔布斯说，成就一番伟业的唯一途径就是热爱自己的事业。兴趣，是带有强烈倾向性的求知欲望，是促使自己从事学习的不可遏制的激情和动力，是学习中最充沛、最快乐、最美好的品质之一。在兴趣的引导下，你会精神振奋、思维活跃、目标专一。根据研究发现，如果一个人对学习有兴趣，那么他的学习积极性就非常高，可能会发挥他全部潜力的70%-80%。反之，积极性就会很低，只能发挥其全部潜力的20%-30%。

你为什么而学习？下面总结出了几个比较普遍的原因：有人是为了证明自己的学习能力，有人认为是知识本身的吸引力，有人是为了升学和就业，还有人是为了达到父母或老板的要求。

前两个原因属于个人原因，其回报就是学习本身，选了它们会感到心里很踏实。而为了升学或就业，得到回报的时间有些遥远，可能会使你感到学习很枯燥。如果你选择了最后一个原因，学习对于你来说就是一件痛苦的事了，在这种被迫式的学习压力下，虽然眼前也可能会有好成绩，但日日夜夜被学习负担压抑着的心情不可能是愉快的。有了兴趣，然后才能调动自己的最大潜能；专心一个目标，才能有所成就。如果只为生活和工作而学习，绝无成就事业的可能。

美国的大学交给你的不是硬性知识或者考试成绩，而是把兴趣转化为成就的能力。

大学中真正成功的学生，从一年级开始便混合选课，既学必修课，又选主修课和兴趣课。几种课程互相调剂，学习起来反而更有兴致、更专心。而那些每学年只单调地学几门课程的学生，通常都会觉得学习乏味，心生厌倦。美国的大学还会为每位学生创造尽可能多的选择机会，比如在课程安排上，会设置尽量少的必修课程（学校核心课程、专业核心课程）和尽可能多的选修课程，而且一门课程通常由几个教师上课，学生有选择教师的自由。

兴趣常常可以把非常枯燥的学习内容变成活泼有趣的东西，找到自己真正感兴趣的学科，全身心地投入，才能激发自己的全部潜能，并在这一领域取得成功。举个例子，英国生物学家达尔文从小就对大自然充满浓厚的兴趣，这种兴趣激发了他去探索大自然奥秘的极大热情，他热衷于到郊外收集各种动植物，认真地制作成标本。中学毕业后，达尔文曾经应父亲的要求去爱丁堡大学学医学，后又转入剑桥大学学习神学，但都因没有兴趣而中断了学业。他曾在自传中回忆说："没有一项工作比收集甲虫让我更热心、更感兴趣了。"也正是这种强烈兴趣驱使他在1831年开始了举世闻名的环球考察，并最终出版了《物种起源》。他提出的进化论是十九世纪人类的三大发现之一。

　　但是，一个人不一定对各门课程都感兴趣，即使是在最感兴趣的课程中，也不是所有内容都有兴趣，学习中不可避免的会有一些枯燥的东西。但是对那些我们不感兴趣又必须学习的东西，设法培养起自己的兴趣就非常必要了，下面有几种美国教育界常用的培养兴趣的方法，《学习力——哈佛大学对学习能力问题的最终解决方案》中提出了几项有用的方法供读者参考：

　　1. 不断提出新问题，使自己受到新鲜的刺激
　　最初的刺激是新鲜的，能够引起学习的兴趣，但如果持续的时间太久，兴趣就会衰减。
　　2. 通过生动活泼的学习形式，学习枯燥乏味的内容
　　生动形象的东西比抽象的东西更能引起人们的兴趣，比如可以通过读英文小故事或唱英文歌曲学习英语。
　　3. 变虚假遥远的东西为亲切真实的东西
　　哈佛的学生有时为了练习外语口语，会不定期地排练一些由课文改编成的短剧，在自己创设的环境中灵活运用语言和知识，用自己的话说出来的印象更为深刻。
　　4. 学习内容的难度与原有知识水平相适应
　　太浅显易懂的书没有多少新信息，不会引起人的兴趣；太难的书容易让人感到疲倦，也很难激起人们的兴趣。
　　5. 从最需要的地方下手
　　觉得自己最需要什么知识，就马上到图书馆去寻找相

关书籍，抓住自己求知欲望最强的时间，耐心阅读和学习，兴趣就会越来越大。

清晰的目标，前进的灯塔

人类比动物聪明的重要一点，就是人有自我意识，有主观能动性，能规划自己的生活。马克思很早以前就说过，无论蜜蜂筑的蜂巢有多么灵巧，最蹩脚的建筑师也比蜜蜂高明，因为他在造房子之前就已经知道自己要建一所什么样的房子，已经在头脑中将房子建成了。

曾经有这样一个广为流传的实验。一个行为问题调查组对哈佛大学 100 名学生提出了同一个问题："10 年以后，你希望从事什么样的工作？"有人说想得到财富、荣誉，有人说要从事能影响世界的重要工作。但是其中只有 10 个人不仅决心征服世界，而且将目标写了出来，并说明他们每一阶段要取得何等成就，理由是什么。10 年之后，调查人员发现这 10 名学生所拥有的财产竟占所调查的 100 名学生总财产的 96%。也就是说，10 名学生的成功率是其余 90 人的 10 倍。这说明，有目标还不够，还要有计划，才能取得成功。

哈佛致力于培养学生对自己未来做出明确的目标和计划。他们认为，目标和计划是通向快乐、成功的魔法钥匙！有明确的学习目标和计划，并付诸行动的人，将来的成就是没有目标、计划或者将目标、计划仅停留在脑子里和纸上的人的 10 至 50 倍。

中国学生习惯于遵从老师、长辈的教导，老师和家长会自觉不自觉地将学生往那一条"成功"的小路上引导，不管学生适合不适合，喜欢不喜欢，好像只要大家认为你是成功的你就是成功的。但是，这样的做法真的能够复制成功吗？真的能够造就成功吗？事实上，这很值得怀疑。选择应该是理性而主动的，只有这样的选择才会给人以动力。

哈佛的老师鼓励学生们自己选择自己的人生目标和计划，一位教授讲过这样一个他亲身经历的例子。

有一位学生，他的学习目标的确定经历了这样一个过程：一年级，他打算主修理论物理，选修的几乎全是科学课程。二年级，他突然发现，自己真正喜欢的是物理中的数学，于是他开始主修数学。三年级，他认识到自己虽喜欢数学的秩序感，但受不了它冷冰冰的感觉，于是改修艺术。到了四年级，他终于找到了人生的学习目标——做一名出色的建筑师。

这种确定目标的方式在中国是不可想象的，姑且不说大学体制上根本不允许你如此变来变去，即使体制允许，师长的压力也足以使年轻人怀疑自己的选择是否错误，是否是在浪费时间和精力。但事实却是，正是由于教授允许学生自己决定学习的方向，才使他找到了最适合他的目标，成为了一名优秀的建筑师。可能你会感觉他在哈佛这四年似乎浪费了很多的时间，但他前面所学的知识并没有白费，而是都为他的最终目标奠定了牢固的基础。比如，先前的物理学知识使他清楚了物体结合的原理，数学给了他度量与秩序感，艺术则造就了他美学的眼光。

确定目标，还要考虑与这些目标有关的一些因素。比如，有什么能力？具体的行动计划是什么？失败了怎么办？学习能否帮我摆脱平庸？等等。

学习目标确立之后，可以想象目标实现后你的人生将会有什么改变。对目标的意义有充分而深刻的理解，体会到目标实现带来的快乐，学生才会马上采取积极行动，设法让目标实现。

美国某大学教学楼外景

188 /

"挣"学分，宽进严出

　　我国学生的学习动力和大学严进宽出的教育体制，都让学生觉得上大学是一件无比轻松的事情，从思想到外在都呈现一种放松的普遍状态，像是要在大学 4 年讨回他们前 12 年被剥夺的休闲时间。而美国学生则是"休闲"了 12 年，从大学开始玩命学习。在这 4 年里，他们的本领和情商会有质的飞跃，是最有价值的黄金学习阶段。

　　美国高校的"宽进严出"是众所周知的现象，从美国《高等教育编年史记》（2009-2010）提供的数据就可见一斑。美国中学毕业生的 45%-65% 可以进入大学学习，但四年制大学的毕业率只有 57.3%。而我国高校扩招后毕业率却可高达 95% 以上，可谓"严进宽出"。

　　美国的高等教育目前已经达到普及化阶段，大多数高中毕业生都能接受某种形式的高等教育。与高入学率相对应的则是相对低的毕业率，学术要求非常严格。大学坚信学校的名声是建立在教学质量上的，如果不管学生是否及格都准许毕业，是有损学校声誉的。因此，为了保持高的教学质量，需要坚持原则，严格淘汰不合格学生。美国企业公共政策研究所（简称美国企业研究所）一项研究分析了 1385 所四年制高校的毕业率报告，结果显示：美国四年制高校里，平均只有不到 60% 的学生能按时毕业，佐证了官方数据 57.3% 的准确性。

在美国，学生出于种种原因无法完成学业，拿不到学位的现象并不鲜见，这与我国"只要进了大学，没有毕不了业的"的观念形成鲜明对比。美国的研究机构对大学教学结果的评价标准极为严格，大学毕业生"获得知识的能力、工作上的成功、未来的收入、成为能为社会的稳定和繁荣做出贡献的公民"等多重指标均被统计在内。报告中提到的"毕业率"也并不仅仅是数字那么简单。如果资质不够、努力不够或者不能保证学习时间，需要半工半读来完成学业的学生，想要按时毕业是有困难的。

比如，哈佛每年有大约 20% 的学生因为考试不及格或修不满学分而不得不休学或退学，在耶鲁如果两科不及格就有被开除的危险。而且学生的考评并不是在学期末才完成，不能通过临时抱佛脚来糊弄老师，因为老师每堂课都会记录发言成绩，课堂表现占到总成绩的 50%，如果平时表现不好，要想最后及格也是相当危险的，这就要求学生均匀用力、不能放松。

同时，美国的大学鼓励学生尝试。哈佛希望通过学生一年的学习和尝试，发现自己真正感兴趣的专业方向，因此他们的大一是不分系科专业的。从大二开始，学生们要在 40 多种学科中选择专业，当然，选定之后也是允许改变的。哈佛的本科生每学期至少要选修 4 门课，并通过所有考试才可以毕业。这些课包括 7 门"核心课程"、16 门专业课和 8 门选修课。"核心课程"是每个学生的必修课，涵盖"外国文化、文学与艺术、道德推理、历史研究、数量推理、社会分析"等领域，各领域再细分为 11 个亚领域，每个亚领域开设可供学生自由选择的几十门课程。

例如，哈佛大学的肯尼迪学院每学年仅在本学院就开设三百多门课程。此外，肯尼迪学院的学生还可以到哈佛别的院系选课，比如说法学院、商学院、教育学院、公共健康学院、文理学院的经济系、政府系等，甚至可以到麻省理工学院、Fletcher 法律和外交学院去选课。学生们要根据自己的背景、能力、兴趣、目标等来评价和规划自己，然后根据自己这些方面的特点进行选课。

一般而言，学校要求本科生在前两年内完成核心课程的学习，第三年主修专业课程。一般的学生很难提前毕业，因为教授们讲得飞快，课下又有一大堆需要阅读的材料、需要预习的案例。每堂课都要提前做好准备，否则上课时便不能和别人交流，无法融入课堂教学。学生首先不仅要完成大量的课外阅读和写作，还要完成众多的需要动手、动脑、合作、创作、探索的多种"项目／任务"，才能在课内参与研讨知识和研究交流的各项教学活动。教学方法不是以教师讲授灌输现成知识为中心，而是师生一起对知识进行探讨和共建。这就决定了每个学生都要参与讨论和交流，不能只靠课堂内的听讲和笔记，课堂上的个人表现是成绩的重要部分。因此，课内必须积极表现，自己"找"知识。这一系列工作做下来，一学期只是应付 4 门课就已经忙得头晕脑涨了。一个从北大到哈佛的女孩说，在哈佛一个星期的阅读量相当于她在北大一年的阅读量。

美国四年制本科高校学费高昂，而学分是用学费计算的，一个学分几百美元，一门课 4 个学分，也就是 2000 美元。校方、教师、学生都知道学分就是金钱。学生计较分数，会为自己的每一分"据理力争"。因此，教师为了维护自己的权威性和公平性，不敢对学生的分数有丝毫的马虎。批改试卷必须能够自圆其说，有理有据，并详细记录学期期间学生的各种表现。因为学生可以查询自己考卷的失分，必要时向授课教授提出质疑，学生也可以质询自己学期的总评分。

老师在打分上通常会非常严格，决不轻易给出 A 或 A⁺ 的成绩。他们认为，如果学生轻易就能拿 A，那说明这个老师的水平太差了，而且也有让学生放松对自己要求的危险。如果能得到老师的 B 以上评价，学生们就会非常自豪；如果不及格，则会觉得非常难堪。

当然，作弊是任何国家的教育都无法避免的事，美国学生也时而有之，一旦作弊被抓，后果将会非常严重，因为这关系到一个人的信用记录，而美国的贷款、求职等样样要求个人有良好的信用记录。学生若有作弊记录，以后会难以在社会立足。因此，相对而言，美国大学的作弊现象还是很少的，因为作弊的代价太大，影响一生。

选修"幸福课"

大学不仅注重学生的能力，还关注学生的心理感受。俗话说出校门才能进入社会，但是大学也完全能够体现社会的风貌，学生的"幸福感"也能得到足够的关注。

在哈佛，"幸福课"是最热门的课之一，其真名叫做"积极心理学"（Positive Psychology），是哈佛大学选修人数最多的课程之一，甚至超过了哈佛的王牌课《经济学导论》，成为最受学生欢迎的课程。这门课探讨的主题是"我们越来越富有，但为什么我们却不感到幸福"。据统计，在美国，患抑郁症的比率是 20 世纪 60 年代的 10 倍；抑郁症的发病年龄，也由 20 世纪 60 年代的 29.5 岁下降到今天的 14.5 岁。而世界上的许多发达国家，都有此趋势。1957~2005 年，英国国民的平均收入提高 3 倍，而幸福感却没有同步提升。2005 年，英国人表示自己非常幸福的有 36%，而 1957 年的统计结果是 52%。

外界可能认为哈佛学生具有得天独厚的优势，是得到命运眷顾的幸福的人，但是根据哈佛一项持续 6 个月的调查发现，学生们正面临普遍的心理健康危机。据调查，在过去的一年中，有 80% 的学生至少有过一次感到非常沮丧，47% 的学生至少有过一次因为过于沮丧而无法正常做事，10% 的学生称有过自杀的念头……"幸福课"讲的不是怎样成功，而是深入浅出地教给学生怎样才能活得更快乐、更充实、更幸福。一位曾患严重焦虑症的哈佛毕业生说，大多数人还没意识到，即使那些表面看来很积极的学生，也有可能正在被心理疾病折磨着，即使他是你最要好的朋友，你也未必意识到他的心理问题。

教授"幸福课"的老师本·沙哈尔认为：一个幸福的人，必须有一个明确的、可以给他带来快乐和意义的目标，并努力去追求。真正快乐的人，会享受有意义生活的点点滴滴。他希望自己的学生能够在这门课上学会接受自己的独特性，摆脱"完美主义"，"学会失败"。

为了更好地记住"幸福课"的要点，本·沙哈尔简化出了 10 条小贴士（转自【冰点】：哈佛的幸福课）：

1. 遵从你内心的热情。选择对你有意义且能让你快乐的课，不要只为了轻松拿学分而选课，或选你朋友上的课，或选别人认为你该上的课。

2. 多和朋友们在一起。亲密的人际关系，是你幸福感的信号，最有可能给你带来幸福。

3. 学会失败。成功没有捷径，历史上有成就的人，总是敢于行动，也会经常失败。不要让对失败的恐惧绊住你尝试的脚步。

4. 接受自己全然为人。失望、烦乱、悲伤是人性的一部分，接纳这些，并将其当成自然的事，允许自己偶尔失落和伤感。然后问问自己：我能做些什么让自己感觉好过一点？

5. 简化生活。更多并不一定代表更好。问问自己：选了太多的课吗？参加了太多的活动吗？应该求精而不求多。

6. 有规律地锻炼。体育运动是生活中最重要的事情之一，每周 3 次，每次 30 分钟，就能大大改善你的身心健康。

7. 睡眠。尽管"熬通宵"有时是不可避免的，但每天 7-9 小时的睡眠是一笔非常棒的投资。这会让你更有效率、更有创造力，也会更开心。

8. 慷慨。现在你的钱包里可能没有太多钱，也没有太多时间，但这并不意味着你无法助人。"给予"和"接受"是一体两面的事情。我们帮助别人的同时，也是在帮助自己；我们帮助自己时，也是在间接地帮助他人。

9. 勇敢。勇气并不是不畏惧，而是心怀畏惧，却依然向前。

10. 表达感激。生活中，不要把你的家人、朋友、健康、教育等当成理所当然的，它们都是你回味无穷的礼物。每天或每周一次记录他人的点滴恩惠，始终保持感恩之心。

"追求有意义而快乐的目标时，我们不再是消磨光阴，而是在让时光闪闪发光。"本·沙哈尔如是说。这样的教学理念，让学生在人生旅途中活得明白、坚强和充实。这也是大学教育的任务之一。

会学也会玩，学习休闲两不误

美国学生推崇读书和玩乐并重。在校期间会认真读书，聚精会神做笔记、积极参加讨论。许多人周五没有课或只有半天课，周四就成了"小周末"，比较轻松，学生们就开始聚会玩乐。他们相信在尽心休闲的时候，所得到的体力和精力的恢复会为你下一阶段的奋斗增添无穷的动力。所以，在前进的路上，你不仅要勤奋努力，更要学会放松。大学主张珍惜时间，为实现梦想而打拼，但也不主张一味地拼命学习，他们意识到适度的课外活动，不但不会背离教育使命，反而还会支持教育使命。大学的教育理念是要求学生在紧张的学习和工作之余，能够像投入工作那样去玩耍、尽情放松，在大学宝贵的几年，增长见闻、开阔眼界、自我成长。借助各种各样的活动相互结识，建立起友谊，对学生的学习和以后踏入社会都大有裨益。

如果要给美国各个大学的"玩"下个定义，比起"娱乐"，更应该用"社交"这个词。中国大学生在玩的时候，普遍选择自己熟悉的地点或者熟识的人，在这种环境中放松。而美国的大学校园鼓励学生到公共地点去参加活动、接触陌生人，增长见闻。

大学校园和宿舍区内都备有专门的休闲室（lounge），给学生提供了一个非常舒适的自习和休息场所。休闲室的摆设和布局有点像火车站或机场的贵宾休息室，摆放着小方桌或圆桌、一人或两人坐的舒适的沙发，座位旁有电源插座和上网的接口，墙上挂着装饰画。在休闲室里，你既可以勤奋地自习，也可以安静地休息。在休闲室里大家都很自觉地保持安静，走路说话很小心，开关门的声音也都很轻。公寓里的休闲室，既有台球室、游戏室等供学生休闲娱乐的设施，也可以无线上网。

学校组织多种多样的课余活动来活跃学生的业余生活，比如体育比赛、戏剧演出、音乐会、艺术展览等。每年的艺术节上，美国大学一般都会设专门的表演场地、画廊，展出专业艺术家、老师，以及学生的绘画、雕塑等作品。学生们还可以与老师共同出演戏剧、哑剧等，演员、服装设计师、道具师、灯光师等都可以由学生担任。交响乐团、合唱团也很活跃，大学往往成为了社会艺术音乐潮流和艺术家的发源地。这些充满浓厚艺术氛围的活动，不仅让学生们接受了艺术熏陶，而且提高了他们的艺术鉴赏力和审美能力。

　　美国的学校有很多的俱乐部或者聚会，每个星期或者每月有好几次聚会，如鸡尾酒会、生日宴会、告别宴会、新年酒会、游园会、戏剧会等等，有的需要大家穿正式的服装，也有不是很正式的聚会，可以穿得很随意。有的学校还会定期举办 cosplay。cosplay 起源于美国，指的是真人利用服装、饰品、道具以及化妆，扮演电视剧、动漫作品、游戏中的角色。举办 cosplay 的时候，随处可见

周五晚上在校园草坪上开 Party

唱歌、跳舞的人群，有人把脸上画得花里胡哨；有人把牙齿弄"掉"了，头发染成灰色，做着怪模样；还会看见有人在模仿"反恐精英"里的角色，穿着警服，带着"枪"；也有人踩着高跷，头都快顶到天花板了，在大厅里走来走去；还有人扮演沃尔特·迪斯尼画笔下的米老鼠。

美国人对体育的狂热堪称世界之冠，尤其是篮球、美式足球和棒球，学校也注重对学生忍耐、坚持、挑战自我等体育精神的培养，看重个人和团体的荣誉。从事体育不只是为了锻炼身体，而且是培养竞争力的重要途径。一个大学运动队的队长即使在华尔街找工作都有不可估量的优势，因为没有什么工作的压力比得上运动这种临场竞技比赛。校园体育在美国被全民关注，美国顶级的大学美式足球队联赛，风靡全国，一票难求。除了运动员之外，乐队、球队、啦啦队等的表演也非常专业、出色，看球赛和讨论球赛是美国学生非常重要的社交方式，也是他们校园生活的一部分。

除了各种各样的宴会、舞会、聚餐会之外，美国大学里的社团也很活跃。前文讲过，校园内基本上有三种社团：学术型、社交型和特殊兴趣型。这些社团不仅是学生们平日发展兴趣、增进感情的组织，更是他们为以后的发展建立起社会关系和人际交往圈子的重要一环。参与社团是结识朋友、娱乐、增强自信、补充学业知识的最好途径。

社团组织被认为是社会的缩影，学生通过参加社团活动，有利于培养与他人合作的能力和个人的领导才能，也就是所谓的"领袖素质"，这在找工作时很有优势，很多社会潮流也是从校园社团开始的。美国最著名也最神秘的大学兄弟会组织是"骷髅会"（这个组织又被称为"死亡社"），它每年吸收 15 名次年就要毕业的高年级学生。"骷髅会"在美国拥有巨大的影响力，甚至有人认定"骷髅会"是操纵美国的幕后力量。在政界，曾经有三名"骷髅会"成员当上了美国总统：威廉·塔夫脱、老布什和小布什。"中央情报局"在成立之初，几乎是"骷髅会"成员的天下。在商界，摩根斯坦利的创办人是"骷髅会"成员，而创办了当今美国最具影响力的两大政论杂志《时代》和《新闻周刊》的媒体巨头亨利·卢斯（Henry Luce）也是"骷髅会"成员。洛克菲勒家族的多名成员也都参加了"骷髅会"。在教育界，多位耶鲁大学校长是"骷髅会"成员，在 1886-1985 年中，居然有高达 80% 的耶鲁教授来自"骷髅会"。

大学校园还经常举办各种庆祝活动，比如音乐节、各国的文化节、校友返校活动，投入大量人力物力，隆重宣传庆祝，十分热闹。每年多次在学校举办职业展览会（Job Fair），组织许多公司在学校巡回演讲、招聘毕业生，让学生了解该公司概况，为学生求职和了解某一行业提供便利。

性别中立宿舍，男女混住

进入我国大学生的宿舍楼，"女生宿舍区，男生止步"或者"男生宿舍区，女生止步"的牌子随处可见，时时提醒你严守男女之大防。万一你要有事必须得进异性的宿舍，免不了要在楼下宿管阿姨处登记备案，还得要承受宿管阿姨狐疑严肃的询问。

这种硬性管制，其实充满了对学生的不信任，也不足以培养学生的自制和自我尊重。学校应该是一个小社会，这种非社会性的举动对即将踏入社会的大学生来说有害无益。

这种情况在美国的大学几乎是不存在的。美国大学早在20世纪70年代就开始提供男女混住的住宿楼，不过当时男女生分住不同的楼层或公寓两侧，后来出现了男女混用的过道和浴室。2006年，一些高校学生组织发起了一场"无性别运动"，他们认为学生中的同性恋、双性恋以及变性人等可能会觉得与异性住会更舒服，强制他们与同性合住是不合理的，因此希望高校能推广男女混住宿舍。对于一些校方来说，他们也理解和尊重这部分特殊群体的需求，希望通过宿舍管理政策的改革，来确保这一部分学生的权益，从此这种措施逐渐流行开来。据报道，目前90%的美国大学生宿舍楼已是男女混住，而且近五年来，男女混住更是从宿舍楼延伸到了套间甚至单间。

"性别中立宿舍"（Gender Neutral Housing），即男女生混合住宿，目前，美国约有50所大学推出"性别中立宿舍"，其中甚至包括常青藤联盟学校，即斯坦福大学、哈佛大学这样的顶尖名校也包括其中，但多数学校只允许高年级学生这样做。乔治·华盛顿大学则让包括新生在内的所有住宿生，都可以自由选择与异性同学合住。

男女混住刚开始推出的时候，引起了校内外的广泛讨论和各种不同的支持或反对的意见，有人会提出疑问"男女混住会增加恋爱甚至性乱交几率吗？"但男女混住宿舍的推出，并不代表学校鼓励情侣同住。学生们也普遍认为，性格比性别更重要。很多选择混住的学生，更多为了选择志同道合的朋友。

瑞查德和米歇尔是同住一间寝室的男女同学，他们不是同性恋，也不是情侣，最初选择同住只是因为二人的专业一样，平时也相处得很好，觉得住在一起会相互促进学业的进步。住在一起之后，他们发现并没有大家想的那么麻烦，二人的作息时间也很一致，相处得更加愉快。他们只有一间卧室，两张床相隔不到一米，并排而放，当对方换衣服时，另一个人就把眼睛转到其他方向。"除此之外，再没有别的不便了。"米歇尔说。混住不会增加恋爱的几率，恰恰相反，看到异性私底下许多邋遢的原形，可能只会滋生兄弟般的友情。

混住只是建立一种新的男女相处模式。而且很多大学生还是青涩的，男女混住有利于让学生学会如何更好地尊重对方，如何表达自己的观点和与异性沟通。这种生活模式在效用上，甚至可能超过他们上课时学的沟通技巧课程，且记忆深刻，还可以应用于日后的工作中，广泛提高毕业生的职场生存能力。混住还可以让学生们养成爱干净、着装得体等好习惯。

让学生自由选择是否男女混住，表明学校承认了大学生作为成人独立思考和自己为自己的选择负责的能力。性别只是社会多元化的一个征兆。男女混住体现出的也是美国这种多元社会的一种宽容的自由精神，尊重年轻人自己选择生活的自由。

虽然对男女混住的争议一直存在，但事实上却没能阻止这种潮流向前发展。而且根据非正式调查，绝大多数学生和家长都理解这种做法。学生管理部门说："很多学生会来咨询，是否能和对自己学业最有帮助的人做室友。"虽然有的家长们对男女混住会有不同程度的疑虑，但大部分持默认的态度，他们认为："孩子已经18岁了，而且又离家在外求学，我们本来也无法去管他们，他们总要学着来为自己做决定。"

恋爱潜规则：不要为我动心

看多了好莱坞描写美国青年生活的电影，也许以为美国大学里的爱情也像电视上所演的那样流行，但真实情况却并非如此。在西方国家，孩子们从小学就开始恋爱，没有"早恋"的说法，家长并不反对，甚至持鼓励态度，因为家长们认为与异性的亲密交往，可能会让孩子们更容易地交流和表达。而且，他们认为恋爱是一个淘汰的过程，是为了发现彼此是不是适合在一起。

我国大学对待学生的恋爱常常持各种"不准"态度，实在避免不了，也只能采取"默认"，美国的学校则竭尽全力为其创造条件，甚至在招生中刻意保证男女平衡。一位美国学生告诉我，他们学校认为：大学生是第一次离家的孩子，而大学要做的就是填补孩子心里留出来的感情空白，要成为学生的第二个家。大学期望你在大学里找到自己的真爱，让你们一辈子把大学当成自己的家，忘不了自己的家庭是在哪里组成的，日后会把自己的孩子

"送回家"读大学，"家里"若有需要，会把大笔的捐款拿出来。

曾经，美国的大学也与现在中国的高等校园一样，是一个孕育爱情的浪漫地方。西北大学有一个靠湖的公园，堆满了形态各异的怪石，表面涂满了艺术作画和文字，用各种文字写满了爱情誓言，成为美国大学最浪漫的一角。但是，随着美国大学学业和就业上的竞争日益激烈，校园的爱情也日渐减少。2006 年的一项对 2985 名成年人的调查显示，只有 14% 的夫妻是由大学的恋爱关系进入了婚姻，18% 的夫妻是在工作中认识的。这与 15 年前的状况形成了明显的对比，15 年前大约有 23% 的夫妇宣称他们是在大学认识的，只有不足 15% 的人是在工作中认识的。在哈佛拍摄的电影《爱情故事》只是发生在 20 世纪 70 年代的故事，不会再出现在 21 世纪。

美国大学生可能同进同出、拥抱接吻，但却从未对对方说过"我爱你"。与当代中国男女朋友对爱很容易说出口不同，在美国，说这话是两人关系的里程碑，代表着一个承诺，两人关系已进入严肃阶段。"我爱你"更属于小学、初中和高中，而不属于大学。"花心"在大学时代是"受欢迎"的同义词，似乎越是"花心"就越"受欢迎"。美国大学生越来越倾向于选择一夜情或多夜情，或者只是游戏爱情，这种选择不是堕落，而是他们更现实，把学习和事业看得更重。学业竞争异常激烈、学费高昂（大多数无奖学金的学生是贷款读书，毕业后会有债务）、自己前途未卜……这些都使他们对恋爱持谨慎态度。他们可能会周末晚上热舞狂欢，但却不会轻易涉足爱情。学业的压力使他们在学习之余，与谈恋爱相比，更想去当教授们的实验助手。

很多美国的影视作品都会表现"性"，也许会误导大众以为美国的年轻人是很随便的，但其实那都是好莱坞式的美国，而不是真实的美国。事实上，美国人很注意保护私人空间，除了忌讳在公共场所吸烟、排队拥挤、高声谈笑等，与我们的想象不一样的是，他们也很忌讳在大学的公共场合做亲密动作，他们管公共场合的亲热行为叫做 PDA（ Public Display of Affection ），是不提倡的。大学情侣们可以在酒吧和派对上放浪形骸、如胶似漆，但在校园中却很少见。在课堂上、图书馆里，几乎都没有牵手、接吻、搂搂抱抱的现象。除了毕业、结婚、久别重逢等特殊情况之外，情侣们很少在校园里举止亲昵，他们很留心自己的行为是不是让别人不舒服，这是公共道德的一部分。

亲情满满的毕业典礼

相对于我国大学生"毕业等于失业"的困惑心情现状，美国大学的毕业典礼往往是一群英姿勃发的身影，准备迎接人生新的挑战。因为美国大学只允许最优秀的学生毕业，对没有完全成长起来的学生，还得留在学校继续学习。

美国的大学毕业典礼，往往被看做学子人生意义的"里程碑"，庄严、神圣、华丽、热情，外加自己的激动和骄傲，无论是学校、老师，还是学生、亲友，都万分重视。家长会收到由校长签名的邀请函，学校鼓励学生带上自己的亲友，分享求学和成功的快乐。学生们会邀请亲朋好友组团出席，分享幸福。毕业典礼那天，家长及各路亲友纷纷从各地赶到学校，其他一切公私应酬均让路改期。

美国对毕业典礼极为重视，仪式也非常隆重。哈佛大学甚至把整整一周的毕业典礼流程印成小册子免费发放，任何人都可以参加。毕业典礼前一周，就有许多学生家长来到学校，在学生的陪同下游览和参观校园，到处洋溢着欢声笑语。

毕业典礼时的座位安排也很有讲究，最好的位置都是留给学生的。校园里彩旗飘飘，学生们成群结队、欢声笑语、赠送鲜花、合影留念。毕业典礼的场馆内，学生们全身披挂着博士、硕士学士服装，毕业生的家人、朋友与音乐、歌声、欢呼声一同充斥在场馆内。

美国的大学毕业典礼仪式，沿袭的是欧洲的传统，先是教授代表队伍排成方队入场，他们身穿各色各式的本人所毕业学校授予的博士袍与绶带，头戴假发与博士帽，其中穿着同一样式学位服的教授毕业于同一所大学，走在最前面的女教授举着金光闪闪的仪仗。各个学院打有院旗，各学院的院长们走在院旗的前边。教授们沉稳大气，表情严肃，让人顿生敬意。

校长会在毕业典礼上发表讲话，祝贺学子完成学业，走向新的人生旅程，然后由毕业生代表讲话，学校还会邀请名人演讲，通过名人演讲激励年轻一代。2007年，比尔·盖茨回到哈佛大学领取了他的荣誉法学博士学位证书（L.L.D）。在毕业典礼上，哈佛大学代理校长德里克·博克开玩笑说："如果你当初完成剩下两年的学业，那现在将取得什么样的成就呀？"比尔·盖茨当天的演讲以此开场："父亲，我一直对你说，我将回到哈佛拿到自己的学位，现在我做到了。为了说这句话，我等了 30 年。"

毕业学生会按照排好的队伍，依次走上主席台领取毕业证书，身着学位服的院长与之握手祝贺，亲手将毕业证书赠与学生。此时，台下欢呼声一片，台上领了毕业证书的学生也做着各种兴奋的姿势，回应台下的欢呼。直到发完最后一人，院长始终温文尔雅地对每一个学生保持着亲切的微笑。

毕业证书发放完毕之后，会场会重新安静下来，主持人高声宣布，毕业典礼仪式到此结束！然后台下参加典礼的学生和亲友安定不动，主席台上的人依次走下台来，先行离去。当主席台上的人全部离开会场后，会场里的人才逐渐散去。整个毕业典礼都有数台摄像机全程记录，并保存在学校档案馆里，学校将每一届毕业生都看做是本校的财富。

毕业典礼（Commencement）一词又含有"开始、启程"之意，是一场庄严的人生洗礼，渗透着"以人为本"的教育哲学内涵，对过去阶段的自我反省，对未来发展的自我规划，对同窗情谊的留恋珍惜，对人生聚散的认识体悟，对尊师重教的慎重态度，都从这里翻开人生新的一页。

永不"毕业"

随着中外交流的日益增强，很多校长都有到国外交流学习的经历。宾夕法尼亚大学教育研究生院副院长严正曾经讲过这样一件事。有一次，严正把上海和美国的校长组织起来，讨论什么是最好的中学校长。来自上海的校长说："我们觉得一个最好的中学，就是让我的学生尽量多地考入北大、清华、复旦，升学率最高，我就是最好的校长。"而美国的校长回答："我希望把我的学生培养成为终身学习者，因为社会发展得如此迅速，使我们现在不可能预测几十年之后会有什么样的工作，需要什么样的知识，所以我要培养学生成为终身学习者，教给他怎么学习。"

对这个问题回答的对比，不得不让我们深思。显然，对于国内的校长来说，他追求的是升学率，如果再拔高一点的话，至多可以说他想让他的学生考上好的大学，拥有好的未来。但怎样拥有好的未来？考上名牌大学就意味着高枕无忧了吗？对于国内的很多学生、老师来说，学习似乎变成了一个静态的过程，过了高中、大学阶段，就意味着学习结业了，而美国的老师遵循的是"终身学习"的理念，老师要教的不只是要会学习，更是要好学习、乐学习的人。

"终身学习"的潮流源于世界新科技革命的浪潮。当前的时代，是个知识爆炸的时代，停止学习也就意味着被时代所淘汰。《华尔街时报》的调查表明：目前美国人平均每隔 5 年就更换一次工作。并不是因为需求更好的待遇，而是因为 5 年之后很多人已经跟不上岗位的需求了，因此必须从岗位上撤退，充实自己的知识和技能。

美国大学的教育意义深远，它能让学生认识到毕业不等于学习的终结，学习应该是终身的。美国的学生找到工作后，不会将自己的空余时间完全用于网络或其他社交活动。并且，当他们发现自己的知识无法满足工作需要时，相当多的人会停止工作重新回到学校，补习缺乏的知识。在学习化社会，在校生与毕业生的概念将不断模糊，大学实现毕业生与母校的合作伙伴关系，毕业生向一个学习化团体的终身成员转变。

　　"终身学习"的理念在美国由来已久，美国政府早在1976年就颁布了《"终身学习"法》，并在联邦教育部设立"终身教育局"。1994年克林顿政府发布了"教育法案"，许诺为公民提供"终身学习"机会，包括：成人教育、补偿教育、职业培训、社区学院、老年人教育、"无墙大学"等。克林顿总统曾经不无自豪地宣称："高等教育的大门将对所有人敞开。信息时代的知识和力量将不只为少数人所独享，而是为每间教室、每所图书馆和每个儿童所共有。家长不但有时间工作，而且有时间与孩子一道阅读和玩耍。他们在餐桌上制定的计划，将是买更好的房子、找更好的工作以及寻求某种读大学的机会。"随后，小布什一上任就首先提出了教育改革方案，包括大幅增加教育开支，增加对低收入家庭的教育补助，以公共资金支持低收入家庭的子女进入条件更好的私立学校等。美国大学的课程安排都挂在网上，学校没有围墙，附近的市民可以去听自己感兴趣的讲座，大学成为真正意义上开启民智的场所。

　　通常，刚入哈佛的学生大都不理解，教授为什么会布置那么多学生不可能全部读完的课外阅读。哈佛的学生服务中心陈放着许多关于哈佛的介绍资料，其中有一份的标题就是："教授布置了大量阅读，我根本无法完成，怎么办？"答案是："阅读材料是教授精心准备的，一定要尽力阅读，哪怕是在离开学校以后。"

大学的毕业典礼代表着学校生涯的终结，但美国大学告诉学生们的却是，学习永远都不会有真正"毕业"的那一天。

实习之路任意选

大学生就业难不只发生在我国，美国大学生也面临着很难找到满意就业岗位的问题。工作经验已成为制约大学生找工作的一个瓶颈，而实习是突破这一瓶颈的重要方式。社会实习是大学生学习的重要环节，在实习中大学生可以走出校园，开阔视野，了解现实社会，工作能力和水平也会在实习中得到锻炼和提高。中外大学都会提供一些实习的机会给学生，但是很多中国学生轻视实习，认为实习工资低或无薪，而且不一定以后能够留在实习单位工作。所以，实习机会也只是去玩了一场，什么也没有学会。

中国大学生技能太差经验不足，除了学生个人对实习缺乏足够的重视之外，还有一个重要的原因就是，中国缺少提供实习的单位，大部分用人单位对大学生实习缺乏认同感。中央电视台"东方时空"节目组对一百多家用人单位的调查显示，仅仅有 48% 的单位愿意接受大学生实习，不太愿意的占 52%。许多单位不愿意提供实习机会，是因为担心大学生技能太差影响其单位的正常工作，或者怕泄漏了商业机密，还有的是怕承担额外开支和事故责任等等，其中原因不一而足。但实习生与单位基本的技能要求间的差距，敬业精神的缺乏，工作能力往往不如高中毕业但工作了半年的员工，也是用人单位不愿意接受实习大学生的原因。

而美国的大学有专门的学习实践制度，学校把实习列入必修课，比如连续实习 12 个星期可以拿 3-4 个学分。美国大学生学习实践要通过 The STTEP 和 service learning 项目。The STTEP 包括 STT（Student Technology Training 学生技术训练）和 EP（Employment Program 招聘程序）。

STT 是学生科技培训计划的一部分，按学生的资讯科技协定

师生交流做社区义工的心得

签署形式，每个学期他们将被要求参加一些预置讲习班。这些学生可参加训练营所提供的程序，只要他们没有缺席，在训练中部门会支付学生工资。学生也不会被那些与自己专业无关的部门招募。学生可以根据自己的专业选择这种训练，以了解是否自己真的能胜任目前的专业。

EP部分计划的目的，是促进和招聘校园的IT岗位。这个项目是每个学生必须参加的，让学生不仅能学到就业技巧，而且能给予学生在学校工作的机会。

还有一些美国大学实行"实习对调"制度，即半年在校学习、半年外出实习的教育方式。美国大学一般都有实习项目，这些实习项目是双向的，大学给学生找实习机会，用人单位也愿意给学生提供实习机会，很多大学都与用人单位建立了合作关系。而有些名校，如哈佛，有庞大、紧密、高效的校友网络，学校就注意培养学生的人脉关系，安排假期见习和毕业就业，学生终身会享受到哈佛大学的就业帮助和指导。社会也大力支持大学生实习，尽管实习生难免会做一些买咖啡、送文件等跑腿打杂的活，但许多公司也同样愿意为大学生提供其他有意义的实习项目。

与我国大学生的眼高手低不同，很多美国大学生并不轻视一些工资低、工作累的实习机会，他们甚至会选择一些工资低，而且表面上看起来与自身的专业没有什么联系的实习单位。学生们更能适应变化和挑战，对别人的要求少，对自己的要求多，更懂得一切都要通过自己的努力来获得，至于在哪里起步都无所谓。比如，很多大学生会申请到农场当实习生，农民们也很欢迎这些廉价但充满激情的劳动力。很多农场每年都会收到几十份、上百份的实习申请，连纽约州的一个小农场也曾收到 20 多份申请。

去农场实习的学生并不是农学专业的，而是什么专业都有。他们有的人认为通过农业实践，可以增加对有机食物、食品安全等问题的了解，对他们日后进商学院、法学院或政府部门大有帮助。还有人觉得农村给他们提供了一个喘息机会，让他们能静下心来想一想下一步怎么发展。也有的学生本身就喜欢农村的生活，喜欢享受清新的空气和富含植物、动物的田园生活。

以培养高级应用性人才为主的研究生教育

一般说来，美国大学可分为研究型、教学研究型、教学型和社区大学等几类，除社区大学外，其他类型的大学都可以招收研究生，许多大学还设有专门的研究生院。美国的研究生教育非常发达，素以水平高、要求严、竞争激烈而闻名于世。许多人都认为要进入美国的研究生院一定很难。其实，美国的研究生教育非常普及，已不再是传统的精英教育，门槛也并不高。在美国许多研究型大学中，研究生和本科生的比例已达 1：1，一些名校的研究生数量甚至比本科生还要多。

美国的研究生教育，特别强调职业性，重在培养各行各业的高级应用型人才。硕士教育被分为"职业性教育"（Professional Programs）和"学术性教育"（Academic Programs）。学术性硕士学位，大多集中于传统的艺术、科学和人文科目。职业性教育硕士学位的目的在于把学生引向一个具体职业，有很多参与企业实践的机会，与企业广泛而密切的联系，常常让很多学生在毕业之前就被知名企业"预定"走了。

许多国家在招收研究生时，都要专门考查考生对专业知识的掌握情况，而美国采取通用考试的方式招收硕士研究生甚至博士研究生，重点考查学生的基础知识和培养潜力。作为研究生入学考试的"美国研究生入学考试"（GRE），主要考查学生运用英语语言的能力、数学能力和逻辑能力，即使是商学院要求的"经企管理研究生入学考试"（GMAT）考试和法学院要求的"法学院入学考试"（LSAT）考试，也都不涉及专业基础知识的考查，申请人的本科专业可以是管理、金融、历史、文学、计算机、大众传媒，甚至生物、农业等等。因为管理涉及到各行业，某一本科的教育背景反而会形成某一领域专长的优势。因此，入学之后许多研究生课程都是零起点，教材也大都浅显易懂，不会使人望而生畏，但往往教学进度很快，一周的教学内容相当于本科阶段同样课程两个月的教学量。对于某些必需的专业基础知识也不能松懈，研究生院会安排学生选修一些补修课程。而且，老师除了给学生布置大量的阅读任务之外，还有高频率的考试和课程论文要求。如此繁重的课业负担，常常使学生不敢掉以轻心。

与本科教育和博士教育相比，热门专业硕士教育的个人投资最大，回报率也最高。以 2007-2008 学年的美国最著名大学的商学院为例，哈佛大学、斯坦福大学、宾夕法尼亚大学、麻省理工学院、哥伦比亚大学的硕士研究生，每学年的学费都在四万多美元以上。但教育投资被认为是最有回报价值的投资。因为如果一个人只是高中毕业，他的年收入为 3.5 万美元，按工作 40 年计算，一生可挣 140 万美元；但一个大学毕业生的年收入是 6 万美元，一生可挣 240 万美元；如果投资 10 万美元从名牌大学获得硕士学位，年薪为 12 万美元，那一生的收入则为 480 万美元。

美国研究生教育也是学分制的，将选课、实习、论文写作等各个环节折合成相应学分加以量化，学生只要修满学分即可毕业。只有那些对学术特别喜欢，立志将来攻读博士的学生才会选择做高水平的毕业论文。更多的人偏重于职业能力的训练，力争将来成为工程师、医生、律师、管理人员等高级专业人才。他们并不是像国内一样以毕业论文通过而毕业，而往往选择通过选课或实习的方式修满学分即可毕业。

博士学位——最难获得的学位

博士学位是一所大学可以授予的最高学位，代表了其最高学术水平。美国的博士学位一直保持很高的含金量，在国际上也获得了极高的尊重。美国是培养博士人才人数最多的国家之一，博士成为高等教育、尖端研究、高新科技发展重要的骨干力量。很多人误以为"博士后"是更高的学位，但其实博士后只是为刚毕业还未工作的博士或交换学者而设，并不是一个比博士更高的学位。美国有权授予国家承认的博士学位（Ph.D.）的高校有"宽进严出"的原则，设下种种关卡，包括学分要求、资格考试、开题报告、前期答辩等一系列考核制度。

在美国，硕士研究生主要培养高级应用型人才，博士研究生则侧重于培养少而精的学术研究型人才。一般美国硕士生培养的主要目的是让本科毕业生进一步学习和强化专业知识和技能，并不侧重研究能力，但对有志于做研究工作的学生，学校会鼓励学生继续攻读博士。

美国的博士学位有 60 多种，三大类：研究型博士、专业型博士、跨学科博士。研究型博士侧重于创造性的科学研究，是一种学术性的学位；专业型博士侧重于应用，比如工程博士、工商管理博士、心理学博士、医学博士等；跨学科博士即交叉学科博士，大多由科技前沿领域研究的学者获得，比如生物工程博士、天体物理学博士等。

美国的博士教育分两个阶段，第一阶段的主要任务是学习。用两年左右的时间学习与日后研究方向有关的课程，而后进行资格考试，未能通过的学生就会被淘汰。第二阶段的主要任务是做研究。在导师的指导下确立课题和特定领域进行尖端的研究，发表高水平的学术论文，在各种学术会议报告自己的研究成果，最后进行博士毕业论文答辩，不能通过者会遭淘汰。

美国的博士学位是世界上最难获得的学位之一，无论是在名校，还是一般的学校，尤其是理工类，学生都要跨越重重障碍、经历种种艰难险阻，才有可能最终拿到博士学位。在美国，导师在录取学生时有很强的自主性，对学子要求也甚严。博士生不仅要在权威学术期刊上发表一定数量的论文，而且必须要有令人信服的、独创性的研究成果。

无论是在名校或是一般大学，理工类的博士要取得学位通常需要 4-6 年，人文类的博士学位更久，通常需要 8-9 年。在国外，如果能在五六年之内读下一个 Ph.D.，基本都是很厉害的人。统计数据显示，麻省理工学院、加州理工学院等著名大学，博士的平均毕业年限长达 6-10 年，淘汰率在 20%-30% 之间，有的高达40%。有不少学生实在适应不了名校近乎苛刻的学习要求，中途转校。这也彰显了导师们的铁面无私，同时确保了教育质量。

有记者曾经采访过马萨诸塞大学的严文蕃教授。严教授说美国博士教育最看重的是结构性，强调博士的研究性，博士论文最重要的是要有原创性。博士在做论文之前，要有 2-3 个资格考试，包括候选资格考试（candidacy exam）、综合考试（comprehensive exam）。要通过这些考试，证明具备了一定的基础知识和研究技能，然后才能开始做论文。博士生培养过程中，学生的导师并不是只有一个，而是一个导师团。但在做论文的时候，学生需要选择一名指导教师，学生和导师是双方选择的关系，学生可以选指导导师，导师也可以选择他想指导的学生。美国还有各种中间组织来监控博士生的课程质量，比如美国大学联合会（AAUP），一般的大学也都有研究生院来监督博士教育的质量。之所以如此严格，是因为博士教育的质量代表着一个国家的高端科研力量。

博士作业量大，也是美国博士教育的一个显著特点。作业经过教授精心设计，通过大量的基础能力训练使学生的思维方式催生变化，让学生通过作业全面理解上课内容。作业量之大，是国内的博士研究生所不能想象的。即使把星期六、星期日都计算在内，要按时完成作业都有难度。每个教授都会布置大量有一定深度的作业，如果不认真研究课本，即使是看答案，也不能完全理解。有的作业的实用性很强，会引导学生把课堂知识运用于实际。值得一提的是，美国理工类教育很注重互联网的使用，目的是让学生使用一切能利用的现代工具解决复杂问题，而非单纯地重复推导工作。读博士的每个人有自己专注的事，每天学习 12 小时是生活的常态，每天不足 8 小时的学习被认为是"不道德"的。

博士生课堂并非我们所想的那样充斥着讨论。教授会抓紧上课时间阐述他的学术立场和观点，由于课程难度较大，学生要在课堂上即时理解并不容易，这种情况下很难提出问题进行讨论。但这并不意味着学生没有机会与老师交流，老师会在课外设置时间答疑。导师无论多忙，除了编制课业计划、专业设计，每个月（甚至是每周）都安排专门的时间与学生进行深入交流，每次交谈时间少则 1 小时，多则几小时。师生会就某个专业问题进行深入细致的交流，不管问题多么"幼稚可笑"，导师都会不厌其烦地予以详细解答。学生通常会有效利用这段时间与教授展开学术讨论，在钻研学术的道路上走得更顺利。

编后记

十年树木，百年树人。个人、家庭和社会的进步，离不开教育；文明的传承、文化的传播，也离不开教育。无论从哪种角度讲，教育的意义都非常重要，它关系着人类的现世生活和未来命运。

近年来，随着全球信息技术、经济贸易和文化交流的日益发展，整个"地球村"日益呈现出"一体化"趋势。到其他国家去留学，已经成为当前世界教育领域的重要现象。而美国作为世界第一经济强国、技术强国，拥有众多世界名校，吸引了世界众多国家和地区的各个年龄层的留学生。

自改革开放后，中国也有越来越多的学子希望有机会出国留学，以便学成归来后更好地报效祖国。学生家长和学校教师也越来越关注赴美留学问题，他们希望自己的孩子或学生能在知识积累和心智成长的时期，有更多机会了解瞬息万变的世界，了解国外的生活和实践。事实也表明，在多元文化环境中求学、成长，确实有助于学生毕业后在职业竞争和职场发展中脱颖而出。

但普通大众对美国教育状况的了解，多来自网络、媒体或者留学中介，很少能直观地从学生或家长的角度，看清美国的学校教育究竟是什么样子。学校开设什么课程，学生如何上课，课后是否写作业，写什么作业，如何考试，有无排名，怎么升级，等等。而路军教授历经一年半写成的《为什么送孩子去美国读书》，正是在这些关键问题上为众多家长和教师答疑解惑。在这部作品中，路军教授从幼儿园到研究所，按学生成长顺序，逐级讲述了美国的学校教育最明显的特征和最吸引我们、打动我们的方法和思路，也许书中提供的内容在教育专家们看来相当"幼稚"，但本书是面向那些不了解美国学校教育，又想把孩子送到国外去读书的普通家长或普通教师，就他们最想了解的一些问题，介绍相关的一些知识。

仁者见仁，智者见智。如果本书确能为一些家长、教师和学生解决实际困惑，或者提供一些有益的启示，那么，无论我们的孩子们最终选择在哪里读书，只要他们在成长道路上曾因本书而受益，我们均深感荣幸。

由于作者和编者水平有限，书中难免存在一些不足之处，比如一些案例不够翔实，一些数据未能及时更新，还可能包含一些认知方面的差谬，恳请广大热心读者批评指正。欢迎将您的宝贵意见发送至 haiwaibu007@163.com 中，我们将表示诚挚感谢并在再版时及时修正。

本书编辑部